11F

20⁰⁰

Paolo Piccione

MANIFESTI
The Sea Voyage: Advertising and Cruises in Italy from 1885 to 1965
POSTERS
Il viaggio in mare, pubblicità e crociere in Italia 1885-1965

SilvanaEditoriale

TRANSATLANTICA ITALIANA -GENOVA-

M.B.I. (Mario
Borgoni),
*Dante Alighieri,
Transatlantica
Italiana*, 1926,
100 x 71,3 cm.
Galleria L'Image,
Alassio

Sommario / Contents

4   Navi di carta: grafica pubblicitaria e propaganda
    delle compagnie di navigazione italiane
5   Paper Ships: the Advertising Graphics and Publicity Campaigns
    of the Italian Shipping Companies

Paolo Piccione

36   **L'età dell'emigrazione**
     The Emigration Age

56   **Verso le Americhe sui palazzi naviganti**
     Sailing to Americas on Floating Palaces

134 **In crociera nei mari incantati**
     Cruising in the Enchanted Seas

156 **Oltre il Mediterraneo, Asia, Africa e Australia**
     Beyond the Mediterranean, Asia, Africa and Australia

196 **L'ultima stagione dei transatlantici**
     The Last Season of the Ocean Liners

Navi di carta: grafica pubblicitaria e propaganda delle compagnie di navigazione italiane

Paolo Piccione

L'affermazione della navigazione a vapore, che emancipa i naviganti dalla millenaria schiavitù del vento, coincide in Italia con l'unificazione nazionale e con una nuova condizione economica e sociale che presto vedrà nascere il fenomeno dell'emigrazione.

Con l'unità del regno si consolidano le imprese di navigazione destinate, tramite i sussidi dello stato, alle comunicazioni commerciali e postali con le isole italiane e, per la mancanza delle ferrovie, almeno in un primo momento, al cabotaggio lungo le coste della penisola. Nel 1881 nasce la Navigazione Generale Italiana, che sarà la più grande compagnia di navigazione del Mediterraneo, nota all'estero con l'acronimo NGI. Sorge dalla fusione di due flotte, quella dell'armatore genovese Raffaele Rubattino e quella della famiglia d'imprenditori siciliani Florio, che opera con il nome di Ignazio & Vincenzo Florio & C. in Palermo. Entrambe le flotte sono il distillato di precedenti acquisizioni e concentrazioni d'imprese di navigazione che con alterne fortune contribuirono a formare la marina mercantile a vapore nazionale. La più parte della flotta è destinata al servizio postale lungo la dorsale tirrenica e quella adriatica della penisola, tuttavia sia Raffaele Rubattino che Ignazio Florio, rivolgono il loro sguardo oltre i confini del Mediterraneo. Il primo inaugura i collegamenti oltre Suez, dopo l'apertura del canale nel 1869, verso l'India e verso l'Indonesia, il secondo invia i primi piroscafi nazionali verso l'America del Nord, verso New York a partire dal 1880. Raffaele Rubattino e Ignazio Florio sono i pionieri dei collegamenti marittimi che nei decenni successivi si svilupperanno soprattutto in seguito al dirompente fenomeno migratorio. Alla fine dell'Ottocento si viaggia ancora   almeno in Italia – per necessità o per disperazione. Il viaggio in mare non è un viaggio di piacere ma di sofferenza, sia per gli

emigranti che nei piroscafi ottocenteschi viaggiano in condizioni pressochè disumane, sia per le classi privilegiate che a bordo non ritrovano il comfort che la rivoluzione industriale ha oramai consolidato nelle loro dimore terrestri.

La Navigazione Generale Italiana, grazie al regime di monopolio con cui opera sulle rotte mediterranee, supera le crisi economiche contingenti che attraversano gli ultimi decenni del XIX secolo, e nel 1885 acquista le flotte degli imprenditori genovesi Raggio e Piaggio, che esercitano la rotte migratorie verso gli stati dell'America Latina, flotte in cui primeggiano i piroscafi *Regina Margherita*, *Umberto I* e i gemelli *Sirio*, *Orione* e *Perseo*. Da allora l'interesse degli azionisti della compagnia si concentra sultrasporto transatlantico, Nord e Sud America sono la destinazione privilegiata dell'esodo italiano. Nel 1884 nasce dalle ceneri della società Lavarello & C., fondata dal comandante Giovanni Battista, il cui nome è iscritto tra i pionieri della navigazione a vapore verso il Sud America, la compagnia di navigazione La Veloce. La ragione sociale della società – La Veloce Navigazione Italiana a Vapore – è già di per sé uno slogan efficace per attrarre i passeggeri, di classe o emigranti, desiderosi che il viaggio transatlantico sia il più breve possibile. Alle soglie del XX secolo la compagnia cade sotto il dominio della Navigazione Generale Italiana che ne acquisisce il controllo azionario. Da questo momento, l'esercizio della flotta, gli itinerari dei piroscafi e la pubblicità delle due società sono unificati e coordinati.

È negli anni a cavallo tra i due secoli che le compagnie italiane tentano di emanciparsi dalla presenza straniera nei porti italiani, un processo che si concluderà dopo la Prima guerra mondiale. Difatti il primo decennio del secolo vede la presenza massiccia delle navi inglesi, di quelle tedesche – soprattutto – e in misura

minore di quelle francesi che sfruttano l'esodo delle popolazioni italiane. Le navi tedesche e inglesi hanno dimensioni, capacità e comfort notevolmente superiori a quelli italiane spingendo le compagnie nazionali all'incremento anche qualitativo delle flotte. È questa la stagione che vede nascere, nel settore marittimo, l'impiego del mezzo grafico per la propaganda delle compagnie di navigazione. I primi cartelli pubblicitari degni di tale nome stanno a cavallo tra l'applicazione della recente tecnica cromolitografica e di quella tipografica. Destinati al solo scopo di annunciare le partenze dei piroscafi sono generalmente composti da una parte superiore con il nome della compagnia e l'immagine di una nave in navigazione o, più raramente, ritratta in un porto, ed una parte inferiore dove si elencano le date di partenza, i nomi dei piroscafi e gli itinerari degli stessi. Questa porzione del cartello è stampata su carta di qualità inferiore a quella della parte superiore e viene composta con caratteri tipografici di altezza e stile diverso, per riempire equamente lo spazio a disposizione. Non ci sono slogan e immagini evocative, si tratta di una pubblicità pragmatica destinata a comunicare un servizio, non a generare un interesse per il viaggio.

Con il nuovo secolo altre imprese di navigazione italiane si affacciano sul mercato, alcune destinate a importanti sviluppi, altre a una breve esistenza. Nel 1904 sorge a Genova il Lloyd Italiano, fondato dal capitalista e industriale Erasmo Piaggio; nel 1906 è fondato a Torino il Lloyd Sabaudo per iniziativa del banchiere Alessandro Cerruti e dell'assicuratore Edoardo Canali. Entrambe le società hanno come scopo lo sfruttamento del traffico prevalentemente migratorio dall'Italia al Nord e Sud America in concorrenza alla Navigazione Generale Italiana. Spetta al Lloyd Italiano il merito di aver introdotto la prima nave transatlantica italiana

Paper Ships: the Advertising Graphics and Publicity Campaigns of the Italian Shipping Companies

Paolo Piccione

The rise of steam navigation, which freed sailors from the thousand-year slavery of wind, coincides in Italy with national unification and with a new economic and social condition that would soon give birth to the phenomenon of emigration.

Unification was followed by the consolidation of State-subsidized shipping companies responsible for commercial and postal communications with the Italian islands. Due to the initial lack of railways, they would also carry out cabotage along the coasts of the peninsula. 1881 saw the birth of Navigazione Generale Italiana, which would become the largest shipping company in the Mediterranean, known abroad by the acronym NGI. The company came into being following the merger of two fleets — one owned by Raffaele Rubattino and one owned by Florio, a Sicilian entrepreneurial family, which operated under the name Ignazio & Vincenzo Florio & C. in Palermo. Both fleets were the outcome of previous acquisitions and mergers of shipping companies that would lead, with some ups and downs, to the creation of the national steam merchant marine. Although the larger part of the fleet was responsible for the postal service along the Tyrrhenian and Adriatic coastlines, both Raffaele Rubattino and Ignazio Florio soon turned their attentions to beyond the boundaries of the Mediterranean. The former set up links that went beyond the Suez, after the canal was opened in 1869, towards India and Indonesia, while the latter sent the first national steamships to North America — to New York — from 1880 onwards. Raffaele Rubattino and Ignazio Florio are pioneers of the maritime links that would develop in the following decades, especially in response by the huge emigratory phenomenon. At the end of the 19th century people were still travelling — at least in Italy — out of need or desperation. Sea journeys were not carried out for motives of pleasure but involved suffering, both for the emigrants who lived in inhuman conditions in 19th-century steamships and for the privileged classes who would vainly seek the comforts on-board that the industrial revolution had brought to their homes ashore.

Navigazione Generale Italiana's monopoly of the Mediterranean routes allowed the company to weather the contingent economic crises of the final decades of the 19th century, and in 1885, it took over the fleets of the Genoan entrepreneurs Raggio and Piaggio who ran the emigratory routes to the Latin American states, fleets dominated by the steamships *Regina Margherita*, *Umberto I* and the sister ships *Sirio*, *Orione* and *Perseo*. From now on the interest of the company's shareholders would focus on transatlantic transport; North and South America were the preferred destinations of the Italian exodus. In 1884, the La Veloce shipping company was born out of the ashes of Lavarello & C., founded by Commander Giovanni Battista, one of the pioneers of steam navigation for South America. The company name alone - La Veloce Navigazione Italiana a Vapore, or Swift Italian Steam Navigation – was capable of attracting passengers, both wealthy travellers and emigrants, who all wanted their transatlantic journey to be as short as possible. At the dawn of the 20th century, the company came under the control of Navigazione Generale Italiana, which acquired share ownership. From this moment onwards, the running of the fleet, the steamship itineraries and corporate advertising of the two companies were integrated and coordinated.

At the turn of the century the Italian companies attempted to overcome the foreign presence in Ialian ports, a process that would only end after World War One. In fact, the first decade of the century saw the massive presence of English, German (the majority) and, to a lesser extent, French ships who exploited the exodus of the Italian population. The dimensions, capacities and comforts of German and British ships were considerably superior to those of the Italian ships, forcing the national companies to improve the quality of their fleets. This period marked the birth of the use of graphic arts in the maritime sector to publicize shipping companies. The first real billboards combined the recently developed chromolithographic technique and typographic method. Their sole purpose was to announce the departures of steamships, and they generally consist of an upper section containing the company name and an image of ship at sea — or more rarely in port — and a bottom section listing the departure dates, the names of the steamships and their itineraries. The bottom section was printed on paper whose quality was inferior to the paper used for the top section and composed using fonts with different heights and styles to fill the space available. These posters contained no slogans or evocative images; they were just useful advertisements intended to communicate a service rather than generate interest in journeys.

The dawn of the new century saw other Italian shipping companies appearing on the market, some of which would go on to greater things while others would have a more transitory existence. In 1904, Lloyd Italiano was founded in Genoa by Erasmo Piaggio, capitalist and industrialist; in 1906, Lloyd Sabaudo was established in Turin by banker Alessandro Cerruti and insurer Edoardo Canali. The purpose of both companies was to exploit the mainly emigratory traffic going from Italy to North and South America in competition with Nav-

↑ Giuseppe Ricci,
*Navigazione Generale
Italiana, Neapel Tunis*,
1890, locandina / small
poster, 33 x 24 cm.
Galleria L'Image, Alassio

di lusso il piroscafo *Principessa Mafalda*, i cui
interni hanno come riferimento i grandi *liners*
inglesi dell'età edoardiana.
La Transatlantica Italiana sorge nel luglio 1914
dalla trasformazione societaria della Ligure

Brasiliana una compagnia stabilita a Genova
nel 1897 per il trasporto di emigranti tra l'Italia e il Brasile. La società dispone dei piroscafi
Cavour e *Garibaldi*, e costruisce due transatlantici di oltre novemila tonnellate di stazza,
Dante Alighieri e *Giuseppe Verdi*, varati rispettivamente nel settembre 1914 e nell'agosto
1915; le due navi entrate in servizio sulla rotta
Genova-New York sono in quel momento le
unità da passeggeri più grandi della marina
mercantile italiana.
A partire dal 1910 la Navigazione Generale Italiana, tramite un lungo processo di dismissione,
abbandona la gestione delle linee postali sovvenzionate per rivolgersi esclusivamente alla
navigazione transatlantica. Immediatamente
dopo la Prima guerra mondiale, fra il 1918 e
il 1921, la NGI assorbe alcune imprese di navigazione rafforzando la propria posizione sul
mercato: il Lloyd Italiano, la Transoceanica di
Napoli – che a sua volta era stata fondata con
la fusione delle flotte della Sicula Americana,
della Fratelli Pierce e della società di navigazione a vapore Italia – compagnie le cui flotte
erano state decimate dal conflitto mondiale; infine nel 1924 assorbe definitivamente la
società La Veloce di cui controlla da tempo
il capitale azionario. Per le comunicazioni nel
Mediterraneo e con le isole italiane sorgono
alcune imprese sovvenzionate dallo stato la
cui storia breve e complessa qui si tralascia.
Tra queste ha però interesse, ai fini dello studio sui mezzi di propaganda, la Società Italiana
di Servizi Marittimi, nota come SITMAR, che
gestisce, tra le altre linee, il collegamento di
lusso tra l'Italia e Alessandria d'Egitto. Una
rotta privilegiata dal turismo d'élite nord euro-
peo e alimentata dalla ricca comunità italiana
residente in Egitto. Su tale rotta sono immes-
si negli anni venti i piroscafi *Esperia* e *Ausonia*
navi di lusso con sistemazioni destinate al
pubblico d'élite. È la SITMAR a proporre per la
prima volta in Italia una nave dedicata esclusivamente ai viaggi di piacere, alle crociere. Nel
1926-27 la *Neptunia* effettua crociere a Tunisi
e Tripoli, nel Mediterraneo orientale e al circolo polare artico, ma la campagna pubblicitaria
impostata sull'uso di una grafica accattivante
con i manifesti di Luigi Martinati (1893-1983)
non riesce ad attrarre un pubblico sufficiente e
la nave viene venduta. Tra le compagnie sorte
dopo la guerra è da citare anche il Lloyd Latino,
fondato nel 1918 con capitali francesi e con-

igazione Generale Italiana. Lloyd Italiano was responsible for introducing the first luxury ocean liner to Italy, the steamship *Principessa Mafalda* whose interiors were inspired by the great English liners of the Edwardian period. Transatlantica Italiana came into being in 1914 from the corporate transformation of Ligure Brasiliana, a company set up in Genoa in 1897 to transport emigrants from Italy to Brazil. The company, which owned two steamships, *Cavour* and *Garibaldi*, built two ocean liners with a gross register tonnage of over 9000 GRT: *Dante Alighieri* and *Giuseppe Verdi*, which were launched in September 1914 and August 1915, respectively; at the time, the two ships, which serviced the Genoa-New York route, were the largest passenger ships in the Italian merchant marine.

From 1910 Navigazione Generale Italiana started a long decommissioning process, abandoning the subsidized postal lines in order to turn exclusively to transatlantic navigation. Between 1918 and 1921, immediately after World War One, NGI reinforced its position on the market by absorbing a number of navigation companies. Lloyd Italiano, Transoceanica di Napoli — which had been founded by merging the fleets of Sicula Americana, Pierce Bros. and the Italia steam shipping company — companies whose fleets had been decimated by the world war; finally in 1924 it definitively absorbed the company La Veloce whose stock it had already controlled for some time. The State subsidized a number of companies to guarantee communications in the Mediterranean and with the Italian islands but I will not be examining their brief and complex history here. However, one of these companies is of relevance for the purpose of this study into advertising media: the Società Italiana di Servizi Marittimi, otherwise known as SITMAR, managed various links including the luxury link between Italy and Alexandria in Egypt. Very popular among élite tourists from northern Europe, the route was also used by the wealthy Italian community living in Egypt. In the nineteen-twenties *Esperia* and *Ausonia*, luxury steamships with fittings designed for élite travellers, were launched on this route. SITMAR was the first company to introduce a ship to Italy that was exclusively dedicated to pleasure voyages, or cruises. In 1926-27 the *Neptunia* was deployed on cruises to Tunis and

Tripoli, in the east Mediterranean and the Arctic polar circle but the advertising campaign designed around the catchy graphics of Luigi Martinati's posters (1893-1983) failed to attract enough customers and the ship had to be sold. Among the companies that emerged after the war was Lloyd Latino, founded in 1918 with French capital and controlled by the Société Gènérale des Transports Maritimes from Marseilles, which briefly operated with the steamship *Pincio* and with chartered ships.

After World War One the routes between the Mediterranean and America became almost the exclusive preserve of Italian companies. It was then that the first great ocean liners with a gross register tonnage of over 20,000 GRT entered into service for Navigazione Generale Italiana: *Giulio Cesare* and *Duilio*, ordered prior to the conflict, were completed in 1922 and 1923, respectively. In 1926 the company introduced the large ocean liner *Roma* and inaugurated the service of the motorship *Augustus* on the route to New York in August 1928, introducing the motorships *Virgilio* and *Orazio* on the Central American route between October 1927 and April 1928.

Lloyd Sabaudo responded by constructing two units: in 1922 the ocean liner *Conte Rosso* entered into service, followed in 1923 by her sister ship *Conte Verde*; both steamships were built in the Dalmuir shipyards near Glasgow, Scotland.

In 1925 *Conte Biancamano*, a huge liner with a gross register tonnage of almost 25,000 GRT entered service, and in June 1927 *Conte Grande* was launched at Trieste, entering into service in February 1928 and establishing a speed record on the Genoa-New York route. Faced with these technical and commercial successes, Transatlantica Italiana left the scene — from 1924 onwards it had closed every year with a loss — shutting down the transatlantic service and decommissioning the fleet before winding up the company. The steamships *Dante Alighieri* and *Giuseppe Verdi* made their last journeys from Genoa to New York in autumn 1927.

The annexation of Trieste and its territory brought Italy the merchant navy of the former Austrian-Hungarian empire. Among the companies acquired in this way were Lloyd Austriaco, Austro-Americana, Navigazione Libera Triestina and Adria, the latter based in Fiume, all important shipping companies in terms of

their history and the size of their fleets. The first two were renamed Lloyd Triestino and Società Triestina di Navigazione Cosulich (S.T.N. Cosulich), which was publicized as the Cosulich Line; controlled by a family of shipbuilders and capitalists of the same name, originally from the island of Lošinj, it ran the liner services from Trieste to North and South America. Lloyd Triestino ran the lines from Trieste to the Middle Eastern Mediterranean, Greece and Turkey and beyond Suez to India and the Far East. Navigazione Libera Triestina, known abroad as the Libera Line, pushed its units towards the west African coast and beyond the Panama canal to the Pacific coast of the United States.

NAVIGAZIONE GENERALE ITALIANA   GIULIO CESARE   RAPPRESENTANTE

trollato dalla Société Générale des Transports Maritimes di Marsiglia, che opera brevemente con il piroscafo *Pincio* e con navi noleggiate.

Dopo la Prima guerra mondiale le rotte tra il Mediterraneo e l'America sono oramai appannaggio quasi esclusivo delle compagnie italiane; entrano in servizio per la Navigazione Generale Italiana i primi grandi transatlantici di oltre ventimila tonnellate di stazza lorda, *Giulio Cesare* e *Duilio*, che ordinati prima del conflitto, sono completati rispettivamente nel 1922 e 1923. Nel 1926 la compagnia introduce il grande transatlantico *Roma* e inaugura, nell'agosto 1928, il servizio con New York della motonave *Augustus* quindi immette sulla rotta del centro

America, tra l'ottobre 1927 e l'aprile 1928, le motonavi *Virgilio* e *Orazio*.

Il Lloyd Sabaudo risponde con la costruzione di due unità: nel 1922 entra in servizio il transatlantico *Conte Rosso* seguito nel 1923 dal gemello *Conte Verde*; entrambi i piroscafi sono costruiti a Glasgow, in Scozia. Nel 1925 entra in servizio il grande *Conte Biancamano* di quasi 25.000 tonnellate di stazza e nel giugno del 1927 è varato a Trieste il *Conte Grande* che entra in servizio nel febbraio 1928 stabilendo il primato di velocità sulla rotta Genova-New York. A fronte di questi successi tecnici e commerciali vi è l'uscita di scena della Transatlantica Italiana – i cui bilanci a partire dal 1924 si erano chiusi in perdita – che

interrompe il servizio transatlantico e mette in disarmo la flotta avviandosi alla liquidazione. I piroscafi *Dante Alighieri* e *Giuseppe Verdi* compiono gli ultimi viaggi da Genova a New York nell'autunno del 1927.

L'annessione all'Italia di Trieste e dei territori giuliani porta in dote la marina mercantile del dissolto impero Austro-Ungarico. Tra le compagnie acquisite vi sono quelle importantissime per storia e consistenza delle flotte del Lloyd Austriaco, della Austro-Americana della Navigazione Libera Triestina e della Adria, questa ultima con sede a Fiume. Le prime due sono rinominate Lloyd Triestino e Società Triestina di Navigazione Cosulich (S.T.N. Cosulich), che

← Zanolio, *Navigazione Generale Italiana, Giulio Cesare*, 1923, manifesto / poster 74 x 102,5 cm. Galleria L'Image, Alassio

← Anonimo / Anonymus, *Duilio, primer viaje a Sud America*, 1922, manifesto / poster 120 x 70 cm

↑ Anonimo / Anonymus, *Navigazione Generale Italiana*, 1924, manifesto / poster 40 x 70 cm

The first Cosulich ship to sail under the Italian flag was *Presidente Wilson*, the apt new name given to the ocean liner *Kaiser Franz Joseph I*; the company's steamships maintained the red-white-red of the Austrian flag on their funnels, colours that would distinguish its transatlantic vessels. In 1925 the Monfalcone shipyard was commissioned to build two ocean liners, the motorships *Saturnia* and *Vulcania*, which were the largest diesel engine units in the world at that time. Launched in December 1925 and December 1926, respectively, the ships entered service in September 1927 and December 1928 — the *Saturnia* servicing the Trieste-Buenos Aires route and the *Vulcania* the Trieste-New York route.

Recent Italian expansion on the Atlantic routes brought the national merchant marine into line with North European merchant navies, at least in the passenger transport sector: at the end of the nineteen-twenties the state-run shipping companies boasted twelve recently constructed ocean liners with considerable dimensions that soon acquired an excellent reputation. Thanks to their fixtures and fittings, cuisine and hotel service, entertainment and Mediterranean route, which unlike North European routes, was favoured by a mild sunny climate these liners attracted a considerable American clientele.

Competition between companies and the need to win an increasing market share drove ship-owners to invest in advertising. In fact, the nineteen-twenties saw the quality of the advertising campaigns of Italian shipping companies soar. Whereas billboards were previously the province of the print industry and of the artists working there, like ante-litteram publicity agencies, the large Italian shipping companies now set up their own departments to select, propose and sometimes even design advertising materials, brochures and posters, fliers and leaflets. They managed their own advertising and sold advertising spaces on the magazines and newspapers printed by the ships' own print shops. The organizational model was inspired by the big English and French shipping countries as well as by the need to publicize Italian ships across the ocean. It was no longer merely a question of informing immigrants about steamship departure times, it had now become necessary to create an image of the ship and of the country to which it belonged. The birth of a tourist flow versus the Mediterranean and Italy in particular was one of the reasons leading to the construction of the new Italian ocean liners in the nineteen-twenties; the emigration flows had dropped sharply also in response to legislation intended to curb the number of entries to the United States (*Quota Act* 1922) and to the new demographic policy of the Fascist regime. Not only did the Italian ships offer luxurious first class accommoda-

viene pubblicizzata come Cosulich Line; controllata dall'omonima famiglia di armatori e capitalisti originari dell'isola di Lussino gestisce i servizi di linea da Trieste per l'America del Nord e del Sud. Il Lloyd Triestino esercita invece le linee da Trieste per il Medio Oriente Mediterraneo, Grecia e Turchia e oltre Suez per l'India e l'Estremo Oriente. La Navigazione Libera Triestina, nota all'estero come Libera Line, spinge le proprie unità verso la costa occidentale africana e oltre Panama sulla costa pacifica degli Stati Uniti. La prima nave della Cosulich a salpare con bandiera italiana è il *Presidente Wilson*, come opportunamente è stato rinominato il transatlantico *Kaiser Franz Joseph I*; i piroscafi della compagnia mantengono tuttavia i colori della bandiera austriaca sui fumaioli, rosso bianco rosso, con cui sono riconosciute le navi sociali oltre Atlantico. Nel 1925 viene ordinata al cantiere di Monfalcone la costruzione di due transatlantici, le motonavi *Saturnia* e *Vulcania*, in quel momento le più grandi unità con motore *diesel* del mondo. Varate rispettivamente nel dicembre 1925 e nel dicembre 1926 entrano in servizio nel settembre 1927, la *Saturnia* da Trieste a Buenos Aires e nel dicembre 1928 la *Vulcania*, da Trieste a New York. L'exploit italiano sulle rotte dell'Atlantico allinea la marina mercantile nazionale, almeno nel settore del trasporto passeggeri, con quelle nord europee: alla fine degli anni venti le compagnie nazionali schierano dodici transatlantici di rilevante dimensione e recente costruzione che si guadagnano una eccellente reputazione; l'arreda-

mento delle navi, la cucina e il servizio alberghiero, l'intrattenimento di bordo e la rotta mediterranea, rispetto a quelli del Nord Europa, favorita da un clima mite e prevalentemente soleggiato conquistano una consistente quota del pubblico americano. La concorrenza tra le compagnie e la necessità di conquistare una crescente quota del mercato spingono gli armatori verso l'investimento pubblicitario. Sono infatti gli anni venti che segnano il vero salto di qualità nella produzione propagandistica delle compagnie di navigazione italiane. Mentre in precedenza la cartellonistica era prevalentemente affidata alle industrie grafiche e agli artisti che con esse lavoravano, quasi come delle agenzie pubblicitaria *ante litteram*, ora le grandi compagnie italiane si dotano di appositi dipartimenti che selezionano, propongono e a volte disegnano il materiale pubblicitario, brochures e manifesti, volantini e pieghevoli. Gestiscono in proprio la pubblicità e vendono spazi pubblicitari sulle riviste e sui giornali stampati nelle tipografie di bordo. Il modello organizzativo fa riferimento alle grandi compagnie di navigazione inglesi e francesi ed è inoltre suggerito dalla necessità di propagandare le navi italiane anche oltre oceano. Non si tratta più soltanto di informare l'emigrante circa la partenza del piroscafo, è necessario ora creare l'immagine della nave e del paese a cui appartiene. La nascita di un flusso turistico verso il Mediterraneo e l'Italia in particolare è infatti una delle ragioni per la costruzione dei nuovi transatlantici italiani degli anni venti; i flussi

migratori si sono fortemente contratti anche in ragione dei provvedimenti legislativi volti alla riduzione degli ingressi negli Stati Uniti (*Quota Act* 1922) e dalla nuova politica demografica del regime fascista. Le navi italiane non offrono solo sontuose prime classi e alloggi spartani per emigranti, offrono anche confortevoli seconde classi destinate al ceto medio, ai turisti, agli emigranti di seconda generazione che visitano l'Italia per conoscere il paese dei padri. Le compagnie di navigazione investono nella stampa di manifesti e materiale pubblicitario con l'intento di sollecitare il desiderio del viaggio e suggerire sogni di grandezza nazionale tra i diversi livelli dei potenziali passeggeri. La produzione di materiale pubblicitario consente ad alcune industrie grafiche di consolidarsi, è il caso in particolare della S.A.I.G.A. Barabino & Graeve (Società Anonima Industrie Grafiche ed Affini) che a partire dal 1909 opera in Genova e poi la Modiano Arti Grafiche, la Editoriale Libraria a Trieste, la Alfieri & Lacroix di Roma, le Officine di Arti Grafiche di Bergamo, le Arti Grafiche Bertarelli, la Bestetti e Tumminelli, le Officine Ricordi di Milano, la Gros & Monti di Torino e infine la Pizzi & Pizio, poi Amilcare Pizzi di Milano. Nel 1926 per la prima volta a Trieste si ricorre a una competizione tra gli artisti per il disegno di un "cartello" pubblicitario, l'occasione è la costruzione della motonave *Saturnia* per la Cosulich Line. Così come fatto per gli interni della nave, anche per la sua promozione gli armatori triestini indicono un concorso. Il vincitore è il pittore Dondoli che disegna

C. A.P., *Mediterraneo America Latina, Lloyd Sabaudo*, 1925, brochure

Ettore Mazzini, *Italia-New York, Colombo, Navigazione Generale Italiana*, 1921, manifesto / poster 67,5 x 49 cm. Galleria L'Image, Alassio

la motonave in velocità aggiungendo la sagoma di un indiano d'America in primo piano. Di maggior interesse è il secondo classificato Diego Santambrogio (1898-1969) con una composizione moderna emancipata dalla riproduzione realistica e composta da triangoli colorati che suggeriscono l'avanzare della nave a essi sovrapposta. Al concorso partecipano altri artisti dell'area veneto-giuliana, Paolo Klodich de Sabladoski (1887-1961), Argio Orell (1884-1942), Antonio Quaiatti (1904-1992), Harry (Henry) Heusser (1886-1943), Augusto Cernigoj (1898-1985), quest'ultimo con una proposta grafica di matrice cubista, troppo d'avanguardia per essere accolta, è l'unico che in seguito al concorso non partecipa alla produzione grafica per il lancio pubblicitario delle nuove motonavi Cosulich. Il Lloyd Sabaudo imposta una vasta campagna pubblicitaria per l'introduzione dei suoi piroscafi la cui nomenclatura si riferisce a leggendarie figure medievali della dinastia sabauda: *Conte Rosso*, *Conte Verde*, *Conte Biancamano* e *Conte Grande*. Gli interni di queste navi arredate dai fratelli fiorentini Coppedè in uno stile eclettico con matrici medioevali e neorinascimentali trovano corrispondenza nella propaganda dalla compagnia impostata sull'immaginario storicista. È il pittore acquarellista Aurelio Craffonara (1875-

1945) l'interprete selezionato per la produzione dei manifesti del Lloyd Sabaudo: *Conte Rosso* e *Conte Verde*, sono rappresentati come monumenti equestri nei colori omonimi sopra la superficie dell'Atlantico solcata dai piroscafi della compagnia. Il manifesto "I gloriosi quattro conti" tra i più noti prodotti dalla casa genovese Barabino & Graeve è invece disegnato su committenza della stessa, da Giuseppe Riccobaldi del Bava (1887-1976) che attenua il riferimento storicista attraverso una stilizzazione di matrice futurista basata sulla semplificazione lineare delle forme e aggiungendo forza dinamica al soggetto dei quattro cavalieri. Più statica appare la campagna pubblicitaria impostata dalla Navigazione Generale Italiana, è una scelta derivata dall'immagine della compagnia fondata sulla classicità, con riferimento al passato romano e imperiale, temi che saranno enfatizzati ed esasperati dalla retorica del regime fascista. Le navi portano nomi esplicitamente riferiti al mondo romano, *Giulio Cesare*, *Duilio*, *Roma*, *Augustus*, *Orazio* e *Virgilio*, che suggeriscono l'uso di tutta la parafernalia imperiale, statue, colonne, rostri, fregi, capitelli e medaglioni, corredano e riempiono le pagine delle brochures stampate dalla compagnia. L'immagine della nave evocatrice di potenza, velocità, sicurezza e comfort mantiene un fa-

scino indiscusso e continua a essere protagonista della rappresentazione pubblicitaria, esemplari sono il manifesto per il *Giulio Cesare* di Giuseppe Minonzio (1884-1959) e quello per la *Augustus* di Giuseppe Riccobaldi; nel primo il transatlantico con la prua affilata e tagliente emerge dall'oscurità, veloce e sfuggente come un motoscafo; nel secondo la motonave *Augustus* è rappresentata ancora nell'oscurità e, illuminata dalla luce bianca della luna, a stento è contenuta nei confini cartacei del manifesto; come non pensare al *Rex* nella notte felliniana di *Amarcord*? È ancora la Navigazione Generale Italiana che incarica uno dei maestri del cartellonismo italiano, Marcello Dudovich (1878-1962) per il disegno della brochure titolata "Gli sports a bordo" (The sports on board) destinata a illustrare la vita e i giochi sui ponti della *Augustus*, prima nave con spazi per le attività sportive e piscina all'aperto sulla rotta del Nord America. Dudovich ne fa un capolavoro del gusto, associando i canoni estetici novecentisti a efficaci accostamenti cromatici.

Di grande interesse per una storia della propaganda marittima è la fondazione della rivista "Il Mare" che porta come sottotitolo "Quaderni di viaggio del Lloyd Triestino" da parte l'Ufficio Stampa e Propaganda della compagnia triestina di cui dal 1923 ha assunto la direzione il brillante giornalista Bruno Astori (1893-1975). Dal primo numero del marzo 1925, disegnato da Marcello Dudovich, tutte le copertine della rivista – che cesserà la pubblicazione nel 1944 – sono commissionate ad artisti, grafici e pittori prevalentemente ma non esclusivamente triestini, che in diversa misura partecipano anche alla promozione del Lloyd Triestino contribuendo con manifesti e opuscoli pubblicitari. Giovanni Giordani (1884-1969), Paolo Klodich, Guido Marussig (1885-1972) e Antonio Quaiatti (1904-1992), sono le firme più ricorrenti, ma ricordiamo anche quelle di Argio Orell, Franz Lenhart (1898-1992), Giorgio Settala (1895-1960) e Tullio Silvestri (1880-1963). Nei manifesti per il Lloyd Triestino è particolarmente evidente l'evoluzione del gusto grafico dalle prime prove di Edgardo Sambo Cappelletti (1882-1966) e Argio Orell nei primi anni venti dove sono ancora presenti le influenze della Secessione viennese, a Trieste più coercitiva che altrove, si giunge alla grande forza plastica di alcuni manifesti di Gino Boccasile (1901-1952), Marcello Dudovich e del genove-

Luigi Martinati, *SITMAR Line,
Italy, Piraeus Constantinolple*, 1926,
manifesto / poster
70 x 50,5 cm

Vittorio Grassi, *SITMAR Line, Egypt
Services*, 1928, manifesto / poster
70 x 50,5 cm

Zanolio, *Italmar, Marittima Italiana
Italia India*, 1924, manifesto / poster
70 x 60 cm

Giuseppe Riccobaldi, *San Marco Line,
Venice*, 1934, manifesto / poster
99,5 x 61,5 cm.
Galleria L'Image, Alassio

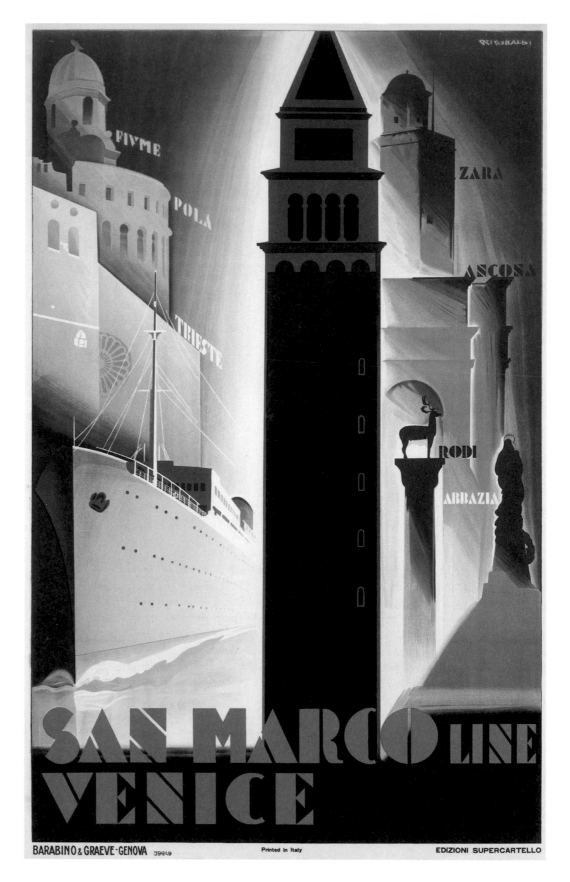

stituire, come nave veloce di lusso, i piroscafi *Vienna* e *Helouan*, in servizio sulla linea celere con l'Egitto sin dal 1911. Alla nuova nave è affidato il rilancio dell'immagine della marina mercantile italiana su una linea in cui la concorrenza inglese e francese è agguerrita. Progettata dall'architetto navale Nicolò Costanzi viene arredata principalmente dall'architetto triestino Gustavo Pulitzer Finali che si aggiudica l'incarico dopo un concorso proponendo per la prima volta in Italia un allestimento moderno senza riferimenti agli stili decorativi del passato. Varata nel giugno 1931 la *Victoria* lascia le banchine del molo di Trieste per il viaggio inaugurale verso Alessandria d'Egitto, il 6 dicembre 1930. Il suo ingresso in servizio è stato preceduto da un campagna pubblicitaria orchestrata da Bruno Astori e affidata, per gli aspetti grafici, a Giuseppe Riccobaldi, in quel momento il più aggiornato tra gli artisti appartenenti della "scuderia" dell'impresa genovese Barabino & Graeve. Riccobaldi produce due manifesti e la brochure di presentazione ispirati alla destinazione della nave e caratterizzati da un uso disinvolto della linea e del colore e da audaci scorci prospettici. Nel gennaio del 1932, in seguito al riordinamento dei servizi marittimi sovvenzionati, la *Victoria* è trasferita sulla linea della India-Estremo Oriente, dove diviene estremamente popolare: definita con ammirazione *the white arrow* dalla stampa anglosassone, è la nave preferita dai diplomatici europei e dall'aristocrazia indiana, viene soprannominata "la nave dei Maharaja".

La crisi mondiale del 1929 accelera le intenzioni accentratrici del regime e in ossequio alle direttive del governo fascista viene concluso tra la Navigazione Generale Italiana, il Lloyd Sabaudo e la Cosulich Line un accordo di *pool* con decorrenza che dal luglio 1928 halo scopo di coordinare i servizi, gli itinerari e le tariffe di tutte le classi ripartendo il traffico passeggeri per il Nord America e il Canada. È il preludio alla fusione delle flotte che, siglata nel gennaio 1932 a Genova, dà origine a una nuova grande compagnia: la Italia Flotte Riunite Cosulich, Lloyd Sabaudo, Navigazione Generale Italiana, pubblicizzata oltre Atlantico come Italian Line. Poco prima della fusione delle flotte transatlantiche il regime aveva imposto alla NGI e a Lloyd Sabaudo la costruzione di due colossi per la linea di New York. Il 2 dicembre 1929 la Navigazione Generale Italiana ordina direttamente

↑ Giuseppe Riccobaldi, *Lloyd Triestino*, Victoria, 1932, brochure

se Giovanni Patrone (1904-1963) nella seconda metà degli anni trenta.
È proprio il Lloyd Triestino, dal 1928 sotto il controllo della famiglia Cosulich, che offre il primo contributo al rinnovamento dell'architettura navale. L'ordine passato ai cantieri di Trieste per la costruzione della nuova motonave *Victoria* da immettersi sulla linea espressa verso Alessandria d'Egitto e destinata a so-

tion as well as Spartan quarters for emigrants, they also offered comfortable second-class lodgings for the middle class, tourists, and second-generation emigrants visiting Italy to discover the land of their fathers. The shipping companies invested in printing posters and advertising material with the aim of awakening a desire to travel and evoke dreams of national greatness among the various classes of potential passengers. The production of advertising materials gave a number of print companies the opportunity to consolidate themselves; notable names are S.A.I.G.A. Barabino & Graeve (Società Anonima Industrie Grafiche ed Affini) which operated in Genoa from 1909 onwards as well as of Modiano Arti Grafiche, Editoriale Libraria a Trieste, Alfieri & Lacroix in Rome, Officine di Arti Grafiche in Bergamo, Arti Grafiche Bertarelli, Bestetti e Tumminelli, Officine Ricordi in Milan, Gros & Monti in Turin, and lastly Pizzi & Pizio, later known as Amilcare Pizzi in Milan. In 1926, for the first time ever a competition was held in Trieste inviting artists to design an advertising "billboard" on the occasion of the construction of the motorship *Saturnia* for the Cosulich Line, a competition to promote their ship organized in the same way as the tenders for her fittings. The winner was the painter Dondoli who designed a motorship cleaving through the water with the silhouette of an American Indian in the foreground. A more interesting design was proposed by the artist placed second, Diego Santambrogio (1898-1969) who eschewed realistic reproduction for a modern composition with coloured triangles suggesting the advancing of the ship superimposed upon them. The competition saw the participation of other artists from the Veneto-Julian area such as Paolo Klodich de Sabladoski (1887-1961), Argio Orell (1884-1942), Antonio Quaiatti (1904-1992), Harry (Henry) Heusser (1886-1943), and Augusto Cernigoj (1898-1985); Cernigoj, who presented a Cubist proposal that was too avant-garde for approval, was the only artist not to participate in the graphic production for the launch of the advertising campaign publicizing the new Cosulich motorships. Lloyd Sabaudo set up a huge advertising campaign for the introduction of its steamships named after legendary medieval figures of the Savoy dynasty: *Conte Rosso*, *Conte Verde*, *Conte Biancamano* and *Conte Grande*. The campaign was inspired by historicist imagery

echoed by the interiors of these ships, which were fitted out by the Florentine Coppedé brothers in an eclectic style with medieval and neo-renaissance roots. The watercolour painter Aurelio Craffonara (1875-1945) was chosen to produce the posters for Lloyd Sabaudo: *Conte Rosso* and *Conte Verde* are shown like equestrian monuments in their homonymous colours above the surface of the Atlantic with the company's steamships cleaving the ocean below. The poster "I gloriosi quattro conti", one of the most famous posters to have been produced by the Genoese printers, Barabino & Graeve, was commissioned by them from Giuseppe Riccobaldi del Bava (1887-1976) which toned down the historicist approach by means of a futurist stylization based on simple linear forms that gave the four knights a dynamic thrust. The advertising campaign of Navigazione Generale Italiana adopted a more static approach dictated by the corporate image based on classicism, referring to an imperial Roman past, themes that would be emphasized and exacerbated by the rhetoric of the Fascist regime. Ship names making explicit reference to the Roman world — *Giulio Cesare*, *Duilio*, *Roma*, *Augustus*, *Orazio* and *Virgilio* — seemed to suggest the use of the entire imperial paraphernalia, from statues, columns, and rostra to friezes, capitals and medallions, which decorated and filled the pages of the brochures printed by the company. The image of the ship evoking power, speed, safety and comfort continued to exert its undeniable fascination, remaining the dominant theme of advertising campaigns exemplified in the posters for the *Giulio Cesare* by Giuseppe Minonzio (1884-1959) and for the *Augustus* by Giuseppe Riccobaldi; the former shows the ocean liner with its blade-like prow looming out of the darkness, on the point of disappearing again as swiftly as a motorboat; in the latter, the motorship *Augustus* is again shown in the darkness; lit by the white light of the moon, it almost flows over the edges of the paper inevitably evoking the SS *Rex* in the Fellinian night in *Amarcord*. Navigazione Generale Italiana would also commission Marcello Dudovich (1878-1962), one of the greatest Italian poster artists, to design the brochure titled "Gli sports a bordo" (Sports on board), which was intended to illustrated life and games on the decks of the *Augustus*, the first ship on the North American route to have a deck dedicat-

ed to sports activities and featuring an open-air swimming pool. Dudovich transformed it into a masterpiece of exquisite taste, blending the aesthetics of the Roaring Twenties with attractive colour combinations.

An important moment in the history of marine advertising came with the foundation of the magazine *Il Mare* subtitled *Quaderni di viaggio del Lloyd Triestino* by the Press Office (Ufficio Stampa e Propaganda) of the Trieste-based company, directed from 1923 onwards by the brilliant journalist Bruno Astori (1893-1975). From the very first issue, which came out in March 1925 and was designed by Marcello Dudovich, all the covers were commissioned from artists, graphic designers and painters, mainly but not exclusively from Trieste, who also participated in the promotion of Lloyd Triestino with posters and advertising leaflets. Giovanni Giordani (1884-1969), Paolo Klodich, Guido Marussig (1885-1972) and Antonio Quaiatti (1904-1992) are the most recurrent names but we could also mention Argio Orell, Franz Lenhart (1898-1992), Giorgio Settala (1895-1960) and Tullio Silvestri (1880-1963). The Lloyd Triestino posters clearly show the evolution in graphic tastes from

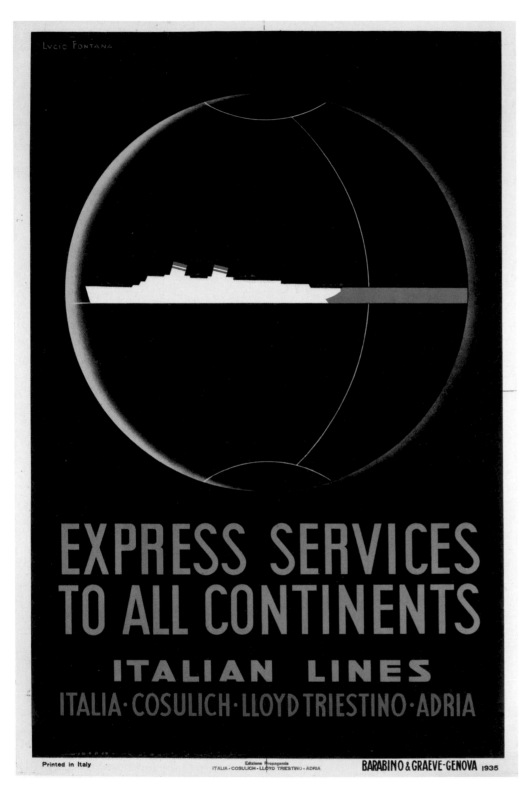

↑ Lucio Fontana, *Express Services to all Continents, Italian Lines*, 1934, manifesto / poster
94 x 62 cm.
Galleria L'Image, Alassio

al cantiere navale Ansaldo di Genova Sestri un transatlantico che viene impostato sullo scalo il 28 aprile 1930 con il nome di *Rex*. Il Lloyd Sabaudo conclude invece con lo Stabilimento Tecnico Triestino, cantiere navale San Marco, di Trieste il contratto di costruzione, siglato il 28 dicembre 1929, per il nuovo *superliner* impostato il 4 ottobre 1930 con il nome di *Conte di Savoia*. Per l'entrata in servizio delle due navi viene impostata una campagna promozionale senza precedenti sotto il nuovo marchio della Italian Line. Manifesti, brochure, inserti pubblicitari su riviste e giornali americani esaltano le due nuove unità e la rotta a cui sono adibite, "The Sunny Southern Route". Il *Conte di Savoia* ha poi un *plus* straordinario, un impianto stabilizzatore giroscopico per la prima volta applicato a un grande transatlantico, che consente di promuovere la nave con lo slogan "la nave che non rolla" (The ship that can't roll). Di particolare pregio sono le due sontuose brochure di presentazione dedicate alla prima classe dei due transatlantici: quella per il *Rex,* stampata a Napoli da Richter & C., è disegnata dal pittore accademico Giovanni Battista Conti con profusione di blu e oro freddo mentre gli interni della nave sono illustrati dai disegni della coppia Edina Altara (1898-1983) e Vittorio Accornero de Testa (1896-1982); quella per il *Conte di Savoia*, prodotta nello stabilimento grafico Alfieri & Lacroix di Milano, ha la copertina e la grafica di Giovanni Patrone con fregi in azzurro e argento freddo e le tavole interne riproducono i bellissimi ed eleganti acquarelli di Franz Lenhart, perfettamente aderenti allo stile degli allestimenti interni. Le due pubblicazioni rispecchiano le distinte concezioni estetiche a cui sono improntati gli allestimenti interni dei due transatlantici, il *Rex* secondo un gusto conservatore è arredata dalla Casa Ducrot di Palermo in stile settecentesco mentre il *Conte di Savoia* è un capolavoro di estetica novecentista e contemporanea dovuto all'architetto Pulitzer. Le due navi avranno un successo relativo essendo iperdimensionate per la linea che percorrono specialmente in considerazione del difficile momento economico in cui entrano in servizio. Il *Rex* conquista il Nastro Azzurro (Blue Riband) il primato di velocità sull'Atlantico nell'agosto del 1933; il *Conte di Savoia* è per qualche anno, fino all'ingresso in servizio del francese *Normandie*, la nave più chic e ricercata dell'Atlantico. Il manifesto che promuove le

the first designs by Edgardo Sambo Cappelletti (1882-1966) and Argio Orell in the early nineteen-twenties revealing the lingering influence of the Vienna Secession, which enjoyed greater success in Trieste than elsewhere in Italy, to the massive plastic impact of posters by Gino Boccasile (1901-1952), Marcello Dudovich and the Genoese Giovanni Patrone (1904-1963) in the second half of the nineteen-thirties.

Lloyd Triestino, owned by the Cosulich family from 1928 onwards, was to be a pioneer in renewing naval architecture. The Trieste shipyards received the order to construct a new motorship called *Victoria* to service the express line to Alexandria in Egypt and replace the steamships *Vienna* and *Helouan* that had serviced the fast line to Egypt since 1911 as a luxury fast ship. The new ship was intended to relaunch the image of the Italian merchant marine on a line where British and French competition was extremely fierce. Designed by naval architect Nicolò Costanzi, it was mainly furnished by the Triestine architect Gustavo Pulitzer Finali who was awarded the commission after winning the competition with his proposal of the first modern interior in Italy to make no reference to the decorative styles of the past. Launched in June 1931 *Victoria* left the quay at Trieste on her maiden voyage to Alexandria in Egypt on 6 December 1930. Her entry into service was preceded by an advertising campaign orchestrated by Bruno Astori who entrusted the graphics to Giuseppe Riccobaldi who was at the time the most innovative designer in the pool of artists of the Genoese company Barabino & Graeve. Riccobaldi produced two posters and a presentation brochure inspired by the destination of the ship and characterized by its relaxed use of line and colour and daring perspectives. In January 1932, following the reorganization of the subsidized maritime services, the *Victoria* was transferred to the India-Far East line where she became extremely popular: admiringly called the "white arrow" by the Anglo-Saxon press, she was the ship preferred by European diplomats and the Indian aristocracy, and was nicknamed the "Maharajah's ship".

The global crisis in 1929 accelerated the centralizing intentions of the regime, and, following a directive issued by the Fascist government, Navigazione Generale Italiana, Lloyd Sabaudo and the Cosulich Line drew up a pool agreement commencing in July 1928 with the

↑ Giovanni Patrone, *Servizi espressi per tutto il mondo, Italia, Lloyd Triestino*, 1934, locandina / small poster
42 x 30 cm

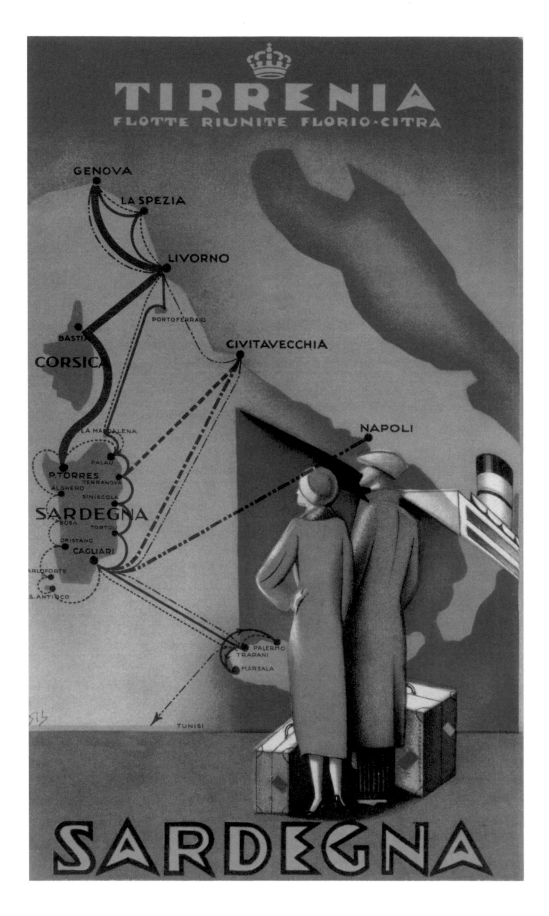

due navi è disegnato da Giovanni Patrone che rielabora lo stereotipo consolidato della prua della nave sovrapponendo la sagoma del *Rex* a quella del *Conte di Savoia* sullo sfondo rappresentante l'Atlantico dove è tracciata la rotta delle navi. Prodotto in numerose versioni e diverse lingue – si conoscono le edizioni francese, inglese, tedesca, italiana e in lingua ceca – il manifesto, stampato dalla Barabino & Graeve, è diffuso in tutta Europa e in America.

A pochi mesi di distanza dall'impostazione dei due colossi per la linea nordamericana, la Società Triestina di Navigazione Cosulich ordinava due motonavi per il servizio della rotta del Sud America al Cantiere Navale Triestino di Monfalcone. La *Neptunia* e la *Oceania*, questi i nomi imposti alle due unità, saranno due navi particolarmente significative per le innovazioni introdotte nella distribuzione e nella concezione delle sistemazioni passeggeri, nell'impiego di servizio, nella economicità di gestione dovuta alla riduzione dei consumi e del personale. La prima compie il viaggio inaugurale Trieste-Buenos Aires il 5 ottobre 1932, la seconda nel settembre dell'anno successivo, dopo aver svolto una serie di crociere nel Mediterraneo orientale.

L'intero allestimento degli interni delle due motonavi, affidato all'architetto Gustavo Pulitzer, risponde a criteri di economia e razionalità dove l'innovazione più notevole tra quelle introdotte è costituita dalla adozione di una nuova suddivisione in classi basata sull'abolizione delle classi prima e seconda sostituite dalla *cabin class* o classe unica che insieme alla terza classe formano il complesso delle sistemazioni passeggeri. La promozione pubblicitaria delle due navi esalta tale nuova, almeno in Italia, concezione di nave; le brochure stampate per il viaggio inaugurale della *Neptunia* riportano lo slogan "Neptunia la nave di moda".

La Cosulich Line introduce così le due nuove motonavi: "*Neptunia* e *Oceania* rappresentano il nuovo tipo della nave d'oltremare: la nave 900. La loro apparizione segnerà un avvenimento nella storia della navigazione. *Neptunia* e Oce-

← GIB, *Tirrenia Flotte Riunite, Sardegna*, 1934, brochure

aim of coordinating the services, itineraries and tariffs of all classes, and separating passenger traffic to North America and Canada. This was the first step towards the merger of the fleets signed in January 1932 in Genoa, which would give rise to a new large company: Italia Flotte Riunite Cosulich, Lloyd Sabaudo, Navigazione Generale Italiana, publicized in North America as the Italian Line.

Shortly before the merger of the transatlantic fleets, the regime had forced NGI and Lloyd Sabaudo to construct two giant ships for the line to New York. On 2 December 1929 Navigazione Generale Italiana ordered the Ansaldo naval shipyard in Genova Sestri to build an ocean liner, which was laid down on 28 April 1930 and given the name *Rex*. Lloyd Sabaudo drew up a construction contract, signed on 28 December 1929, with Stabilimento Tecnico Triestino, San Marco shipyard of Trieste, for the new superliner laid down on 4 October 1930 and given the name *Conte di Savoia*. The entry into service of the two liners was preceded by an extraordinary promotional campaign under the new brand of the Italian Line. The two new units and their route — The Sunny Southern Route — were extolled in posters, brochures, and advertising supplements in American magazines and newspapers. The *Conte di Savoia* also boasted an extraordinary feature; for the first time ever, a gyroscopic stabilizing system had been fitted to a large ocean liner allowing the ship to be promoted with the slogan "The ship that can't roll". The two sumptuous presentation brochures dedicated to the first class of the two ocean liners are particularly fine: the brochure for the *Rex,* printed in Naples by Richter & C., was designed with a profusion of blues and golds by the academic painter Giovanni Battista Conti while the ship's interiors were illustrated by the drawings of artist couple Edina Altara (1898-1983) and Vittorio Accornero de Testa (1896-1982); the cover and graphics of the brochure for the *Conte di Savoia*, printed in the Alfieri & Lacroix printworks in Milan, were designed with pale blue and cold silver

→ Anonimo /
, *Tirrenia Flotte Riunite, linea rapida Napoli Palermo Tunisi*, 1934, brochure

↑ Giuseppe Riccobaldi,
*Adriatica, Venise, Grèce,
Istamboul*, 1936,
manifesto / poster
100 x 70 cm

→ Anonimo /
Anonymus, *Tutto
il Mediterraneo Orientale,
Adriatica*, 1936,
manifesto / poster
100 x 70 cm

↑   Anonimo /
Anonymus, *Tirrenia*, 1936,
etichetta per bagagli /
baggage label

→   Anonimo /
Anonymus, *Tirrenia Flotte
Riunite, Genova, Cagliari,
Tunisi, Malta, Tripoli*, 1934,
brochure

friezes by Giovanni Patrone and the plates
inside reproduce the gorgeously elegant wa-
tercolours of Franz Lenhart, which perfectly
reflect the style of the ship's interiors. The two
publications reflect the different aesthetic
conceptions underlying the interior design of
the two ocean liners: the more conservative
Rex was furnished in eighteenth-century style
by Casa Ducrot of Palermo while the *Conte di
Savoia* was a masterpiece of the contemporary
nineteenth-century style designed by the architect Pulitzer. Although relatively successful,
the two ships had an excessive capacity for
their route, especially in view of the economic
difficulties of the period when they entered
service. In August 1933 the *Rex* won the Blue
Riband for crossing the Atlantic Ocean with a
record high speed and for some years, until the
French *Normandie* entered service, the *Conte di
Savoia* was the most chic and sought-after ship
on the Atlantic. The poster promoting the two
liners was designed by Giovanni Patrone who
reworked the consolidated stereotype of the
ship's prow by placing the *Rex* side by side with

ania dicono la parola nuova, battono la nuova via, schiudono vittoriosamente orizzonti ora appena intravisti: perché *Neptunia* e *Oceania* sono, dal punto di vista tecnico e da quello sociale, le prime navi che si adeguano ai tempi e, sormontando ogni tradizionalismo, lanciano con baldanza la nuovissima formula: il massimo della velocità e del conforto, unito al massimo della praticità e dell'economia. Nella concezione ardita e geniale insieme dei suoi piani organici, non meno che nell'ammirevole armonia delle linee, la *Neptunia* è riuscita un gioiello di tecnica, di eleganza, di perfezione e soprattutto di logica. È stata chiamata la "Nave 900": e la definizione non potrebbe essere più felice". La Cosulich Line impiega le due motonavi anche per un servizio di crociere nel Mediterraneo: dietro richiesta del regime le navi verranno utilizzate per viaggi turistici dalle associazioni fasciste dei lavoratori, crociere popolari organizzate dall'Opera Nazionale Dopolavoro, dalle istituzioni universitarie fasciste e dalla Gioventù Italiana del Littorio. Con la costituzione della Società Italia Flotte Riunite e l'entrata in servizio del *Rex* e del *Conte di Savoia* si è resa improcrastinabile una riorganizzazione dei servizi effettuati sulle rotte transatlantiche che implica di conseguenza il trasferimento di alcuni transatlantici ad altre linee: il *Giulio Cesare* e il *Duilio* sono trasferiti sulla nuova linea per

il Sud Africa da Genova per Città del Capo via Gibilterra nel 1933; il *Conte Rosso* e il *Conte Verde* sono ceduti al Lloyd Triestino per il servizio della linea dell'Estremo Oriente Trieste-Hong Kong-Shanghai. Ridipinti con i colori del Lloyd Triestino – scafo bianco e fumaioli gialli – i due rinnovati *liners* hanno un notevole successo, presentandosi come seri contendenti delle navi inglesi della P. & O, e della Orient Line in servizio sulle rotte dell'Oriente. L'immagine di queste bianche navi è riprodotta sul materiale pubblicitario del Lloyd Triestino coniugata a simboli, monumenti e personaggi dei paesi di destinazione.

La crisi economica internazionale del 1929 coincide con la fase congiunturale della riorganizzazione delle compagnie di navigazione: nel gennaio 1933, viene fondato dal governo l'Istituto per la Ricostruzione Industriale (IRI) che assume il controllo delle compagnie di navigazione nazionali. Nel marzo del 1934 l'IRI inizia lo scioglimento delle *holdings*, divenendo proprietaria di oltre il 50% del capitale della navigazione di linea italiana. Successivamente il governo fascista programmò quindi un radicale intervento di ristrutturazione in tutto il settore mediante una ulteriore concentrazione delle compagnie armatoriali. Nel dicembre 1936, vengono varati i provvedimenti legislativi che suddividono le linee di navigazione in quattro

settori di traffico non interferenti con l'istituzione di altrettante società di navigazione concessionarie il cui capitale è sottoscritto dall'IRI tramite una società finanziaria di settore, la Finmare.

Le quattro società sono: Italia società di navigazione, con sede a Genova, a cui è riservato tutto il traffico per il Nord, Centro e Sud America; Lloyd Triestino società di navigazione, con sede a Trieste, che ha in assegnazione tutto il settore di linea con l'Africa, oltre Suez e Gibilterra, con l'Asia, oltre Suez, e con l'Australia; Adriatica società di navigazione, con sede a Venezia, a cui è assegnato il segmento di traffico passeggeri e merci dell'Adriatico, del Mediterraneo orientale, del Nord Africa orientale; infine, Tirrenia società di navigazione, con sede a Napoli, a cui sono affidate le linee del Tirreno, del Mediterraneo occidentale, del Nord Africa occidentale, del Nord Europa e per le isole maggiori Sardegna e Sicilia e gli arcipelaghi italiani. Scompaiono, assorbite dalle nuove compagnie, la storica Società Triestina di Navigazione Cosulich, la Navigazione Libera Triestina, la SITMAR, la società Adria di Fiume e altre compagnie di navigazione minori.

Una importante conseguenza culturale della gestione governativa della Marina Mercantile è la crescente utilizzazione delle flotte per operazioni politico-sociali quali le crociere

← Decio Bramante Buffoni, *Vulcania*, 1936, etichetta per bagagli / baggage label

← Decio Bramante Buffoni, *Roma*, 1936, etichetta per bagagli / baggage label

← Decio Bramante Buffoni, *Augustus*, 1936, etichetta per bagagli / baggage label

← Decio Bramante Buffoni, *Rex*, 1936, etichetta per bagagli / baggage label

← Decio Bramante Buffoni, *Oceania*, 1936, etichetta per bagagli / baggage label

the *Conte di Savoia* on a background showing the Atlantic and the route of the two ships. Brought out in numerous versions and several languages — there were French, English, German, Italian and Czech editions — the poster, printed by Barabino & Graeve, was diffused throughout Europe and America.

Only a few months after work started on the two great liners for the North American route, Società Triestina di Navigazione Cosulich ordered two motorships for the South American route from the Cantiere Navale Triestino shipyard in Monfalcone. The two units, *Neptunia* and *Oceania*, were to be particularly significant in terms of the innovations that they introduced into the distribution and concept of passenger accommodation and service, and cost-effective management due to reductions in consumption and personnel. The first ship went on her maiden voyage from Trieste to Buenos Aires on 5 October 1932, and the second in September the following year, after a series of cruises in the eastern Mediterranean. The fittings and furnishings of the two motorships were designed by architect Gustavo Pulitzer to meet criteria of economy and rationality; its most significant innovation was the reorganization of classes by replacing the first and second classes with a single cabin class, which together with the third class, would account for all passenger accommodation on board. The advertising campaign for the two ships focussed on this new, at least in Italy, concept of ship; the brochures printed for the maiden voyage of the *Neptunia* were blazoned with the slogan "Neptunia la nave di moda" (Neptunia, the fashionable ship).

The Cosulich Line introduced the two new motorships as follows: "*Neptunia* and *Oceania* represent the new type of overseas ship: the twentieth-century ship. Their appearance marks an important event in the history of navigation. The *Neptunia* and *Oceania* are saying new words, travelling along new paths, and victoriously revealing horizons that had hitherto only been glimpsed: because in technical and social terms, the *Neptunia* and *Oceania* are the first ships to adjust to the times, overcoming traditionalism to daringly launch their new formula: top speeds and maximum comfort combined with a highly practical and cost-effective approach. The *Neptunia*'s daring and brilliant personnel organization along with the admirable harmony of her lines make her a jewel of technology, elegance, perfection and above all logic. She has been defined as the "Nave 900", or Ship of the Twentieth Century, and this definition could not be more apt." The Cosulich Line also employed these two motorships as cruise liners in the Mediterranean:

at the request of the regime, the ships were used for pleasure voyages by Fascist worker associations, popular cruises organized by the Opera Nazionale Dopolavoro (National Recreational Club), by Fascist university institutes and by the fascist youth movement known as Gioventù Italiana del Littorio. The foundation of the Società Italia Flotte Riunite and entry into service of the *Rex* and *Conte di Savoia* meant the reorganization of services on the transatlantic routes could no longer be put off, leading to the re-allocation of a number of ocean liners to other lines: the *Giulio Cesare* and *Duilio* were transferred to the new Genoa-South Africa line going to Cape Town via Gibraltar in 1933; the *Conte Rosso* and *Conte Verde* were acquired by Lloyd Triestino to serve the Far Eastern Trieste-Hong-Kong-Shanghai route. Repainted in the Lloyd Triestino colours — white hull, yellow funnels — the two refurbished liners would go on to enjoy great success, in competition with the English P. & O. liners and the Orient Line serving the eastern routes. The image of these white ships appears on the Lloyd Triestino advertising materials along with symbols, monuments and figures associated with the destination countries.

The international economic crisis of 1929 coincided with the short-term phase of the reorganization of the shipping companies: in

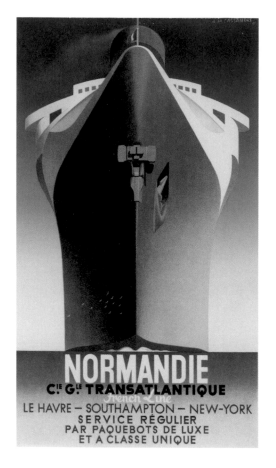

↑ Cassandre, *Normandie*, 1935,
    manifesto / poster
    110,2 x 62,2 cm

→ Giovanni Patrone,
    *T/N Andrea Doria, viaggio
    inaugurale*, 1952,
    locandina / small poster
    42 x 30 cm

popolari: questa iniziativa insieme ad altre ben più note – i "treni popolari" ad esempio – di cui si è fatto promotore l'allora Ministro delle Comunicazioni Costanzo Ciano, si inseriscono tutte in un preciso programma di acculturazione in senso fascista dei lavoratori e del settore giovanile che mira attraverso le organizzazioni quali l'Opera Nazionale Dopolavoro, l'organiz-

zazione della Gioventù Italiana del Littorio e le organizzazioni universitarie alla creazione del consenso popolare, trasformando i momenti di tempo libero degli italiani in occasioni per diffondere la fedeltà al regime. Tra le unità impiegate in queste crociere popolari, oltre alle già menzionate recentissime *Neptunia* e *Oceania*, si ricordano la *Saturnia* e la *Vulcania*, scelte

per le loro caratteristiche di economia di esercizio, ma anche la motonave *Augustus* e il *Conte Grande*. Queste iniziative riscuotono un enorme successo operando parallelamente per il rilancio del settore turistico interno, promosso dal Commissariato per il Turismo divenuto poi Sottosegretariato per la Stampa e la Propaganda, con esplicite connotazioni politiche: la con-

January 1933, the government founded the Institute for Industrial Reconstruction (IRI), which took over control of the state-run shipping companies. In March 1934 IRI began dissolving the holding companies and became the owner of over 50% of the capital of the Italian shipping companies. Subsequently, the Fascist government carried out a radical reshuffle of the entire sector by a further merger of the ship-owning companies. In December 1936, legislation was passed to divide navigation lines into four non-interfering traffic sectors through the institution of four concessionaire companies, whose capital was underwritten by IRI through a maritime investment company, Finmare.

The four companies were: Italia shipping company, based in Genoa, which was responsible for traffic to North, Central and South America; the Lloyd Triestino shipping company based in Trieste, which was allocated the sector including Africa, beyond Suez and Gibraltar, and with Australia; the Adriatica shipping company based in Venice, which was assigned passenger and cargo traffic in the Adriatic, Eastern Mediterranean and North-East Africa; and, finally, the Tirrenia shipping company based in Naples, which was allocated the lines in the Tyrrhenian, Western Mediterranean, North West Africa, North Europe, islands of Sardinia and Sicily and Italian archipelagos. The following companies disappeared, swallowed up by new companies: the historic Società Triestina di Navigazione Cosulich, Navigazione Libera Triestina, SITMAR, the Adria shipping company based in Fiume along with a series of other smaller shipping companies.

An important cultural consequence of the state management of the merchant marine was the growing use of the fleets for socio-political operations such as "crociere popolari" or people's cruises: this initiative, along with other more well-known initiatives such as the "treni popolari", promoted by the then Minister of Communications, Costanzo Ciano, were all part of a specific programme to promote fascism among workers and the youth through organizations such as Opera Nazionale Dopolavoro, Gioventù Italiana del Littorio and university organizations, and create popular consensus by transforming the leisure time of Italians into occasions for diffusing loyalty to the regime. In addition to the recently constructed

→ Giovanni Patrone, *T/N Andrea Doria, Italia società di navigazione*, 1953, locandina / small poster 25 x 19 cm

Neptunia and *Oceania* mentioned above, other units used for these "popular cruises" included *Saturnia* and *Vulcania*, which were chosen for their low running costs, as well as the motorships *Augustus* and *Conte Grande*. These initiatives met with great success, working in concert for the relaunch of the domestic tourist sector, promoted by Commissariato per il Turismo, which later became the Sottosegretariato per la Stampa e la Propaganda, with explicit political connotations: the Italian tourist flow doubled in the period from 1923 to 1939 confirming the effectiveness of the promotional operations carried out by the Fascist government. Following the creation of Finmare in 1936 all the group's fleets and liner services were coordinated to create a network of sea links extending all over the world. The press and advertising office of the state-owned maritime investment company was unified and placed under the guidance of Bruno Astori; under his direction the materials produced — posters and flyers — all bore the names of the group companies and publicized the entire service network. In 1934 a national competition was held for the design of an advertising poster for the Italia Flotte Riunite, Cosulich, Lloyd Triestino and Adria, whose coordination anticipated the formation of Finmare. The competition drew artists and graphic designers from all over the country, and the jury, presided over by Antonio Maraini, commissioner of the Sindac-

ANDREA DORIA

CRISTOFORO COLOMBO

"ITALIA" NAVIGAZIONE

sistenza del movimento turistico degli italiani infatti raddoppiò nel periodo dal 1923 al 1939 a conferma dell'efficacia delle operazioni promozionali attuate dal governo fascista. Con la creazione della Finmare nel 1936 tutte le flotte e i servizi di linea del gruppo vengono coordinati così da creare una rete di collegamenti via mare per tutto il globo. L'ufficio stampa e pubblicità della finanziaria pubblica viene unificato e posto sotto la guida di Bruno Astori; sotto la sua direzione i materiali prodotti, manifesti e pieghevoli pubblicitari riportano il nome delle società del gruppo e pubblicizzano l'intera rete di servizi. Nel 1934 era già stato bandito un concorso nazionale per il disegno di un manifesto pubblicitario delle compagnie Italia Flotte Riunite, Cosulich, Lloyd Triestino e Adria, il cui coordinamento anticipava la formazione della Finmare. Il concorso richiama artisti e grafici da tutto il paese e la giuria, presieduta da Antonio Maraini, commissario del Sindacato Fascista Belle Arti è composta dal presidente della Italia Flotte Riunite, Federico Negrotto Cambiaso, dal presidente del Lloyd Triestino, Alfredo Dentice di Frasso e da Bruno Astori stesso. L'esposizione delle opere pervenute ha sede presso il Circolo delle Lettere e delle Arti di Roma e schiera duecentotrentacinque proposte di artisti italiani o residenti all'estero. La vittoria è aggiudicata al pittore Lucio Fontana (1899-1968), leggiamo dalle pagine della rivista "Sul Mare" del febbraio 1935: "Il cartello vincitore del primo premio, di squisita esecuzione, riesce a compendiare, in una irriducibile economia di linee, i temi imposti dal bando di concorso, realizzando una mirabile opera d'arte oltre che efficacemente pubblicitaria: un globo accennato nei suoi elementi essenziali, circonferenza e qualche traccia di paralleli e meridiani, e, sul diametro equatoriale, la visione fuggevole di una nave, scaturita come raggio di sole". Il tema del globo doveva essere una delle richieste del bando, di cui non abbiamo il

← Enrico Ciuti, *Andrea Doria,*
Cristoforo Colombo,
Italia navigazione, 1954,
manifesto / poster
98 x 60 cm

ato Fascista Belle Arti (Fascist Fine Arts Union), was composed of the president of Italia Flotte Riunite, Federico Negrotto Cambiaso, the president of Lloyd Triestino, Alfredo Dentice di Frasso and by Bruno Astori himself. The exhibition of the works received was held at the Circolo delle Lettere e delle Arti di Roma and displayed 235 proposals by Italian artists living in both Italy and abroad. The February 1935 edition of the magazine *Sul Mare* informs us that the winner was the painter Lucio Fontana (1899-1968): "The exquisitely executed winning poster uses a remarkable economy of line to synthesize all the themes laid down by the call for proposals, creating a magnificent work of art that is also effective advertising: a globe evoked by means of its essential elements — circumference, a hint of lines of latitude and longitude — and there on the equator, the fleeting vision of a ship, shooting out like a ray of sun". Although we do not have the text of the tender conditions, they must have requested this globe motif because it is taken up by the other artists participating in the competition, including a poster artist considered to be the greatest designer in the period between the wars, Cassandre (Adolphe Jean-Marie Mouron, 1901-1968) who designed a sphere crossed by lines of latitude and longitude surmounted by three ships in the corporate colours of Lloyd Triestino, Italia and Cosulich. The earth also dominated the compositions submitted by Giovanni Patrone and Renato Cenni (1906-1977). The nineteen-thirties saw a swift renewal of advertising graphics in all sectors, including the Italian shipping companies. Yet again the north European models would suggest approaches and solutions, and a number of new actors would appear on the scene of naval graphic art: in Genoa, Giovanni Patrone, who flanked his work as a painter with his activities as a poster artist as well as a graphic designer, mainly for shipping companies, was open to the influence of north European models, and his work was tangential to the work of Cassandre in the importance given to various structural elements of the ship such as prow, funnel and ventilators. Filippo Romoli (1901-1969), who was employed by Barabino & Graeve from 1926 onwards to design advertising materials, was also aware of the latest developments in international graphic art. Renato Cenni produced his first advertising works for

Italia, Lloyd Triestino and Adriatica. In 1937, his refusal to join the Fascist party meant he had to flee Italy, going to Paris where he remained for seven years, becoming a successful *créatif publicitaire* and illustrator. Italy lost one of her best graphic artists who had produced a number of masterpieces of naval advertising graphics, including one of the most effective posters of the nineteen-thirties, the one for Italia's North American service with an unusual bird's eye view of the Statue of Liberty soaring above an outline of the ocean liner *Rex*. The taste for the exotic that had played such an important role in advertising graphics, in general, and in the publicity of the shipping companies, in particular, reflected in linguistic and cultural variations, would take on specific characters in the nineteen-thirties. Evocations resulting the discovery of extra-European destinations — Far East, Africa, Australia and in the Eastern Mediterranean and Aegean — now entered the stock of images. The posters of Lloyd Triestino, Adriatica and Tirrenia included architectural elements, landscapes, and, only very occasionally, indigenous types. The overview of examples ranges from the twentieth-century classicism of the poster depicting an archaeological site designed by Marcello Nizzoli (1887-1969) for Lloyd Triestino to Renato's brilliant composition with the *Venus de Milo* in the foreground for Adriatica, continuing with the many indigenous types in the posters of Gino Boccasile, Marcello Dudovich, Renato Cenni and Giovanni Patrone. The policy of Fascist colonization, invitations from the regime to visit or move to overseas territories and the rhetoric about the founding of the Empire were not unusual in this climate. Female figures with seductive smiles and voluptuous curves were used to publicize the cruises promoted by Italia Cosulich; in fact, during the low seasons when the demand for transatlantic voyages fell, liners were deployed, with varying degrees of success, for Mediterranean cruises, sometimes including the new ports of call in the scheduled journeys. This theme was re-interpreted using various languages by Marcello Dudovich's *Crociere 1934*, Franz Lenhart's *Crociere 1934*, Gino Boccasile's *Crociere 1935*, Alberto Bianchi's *Crociere Italia Cosulich* (1882-1969), Erberto Carboni's (1899-1984) *Crociere 1937*, Xanti Schawinski's *Estate sul mare* (1904-1979). Carboni and Schawinski produced the

most cutting-edge proposals in international graphic art, represented in Italy by the magazine *Campo Grafico* founded in 1933 and by the graphic artists working together in the studio established that same year by Antonio Boggeri (1900-1989). This new language would also influence the graphics of the shipping companies where the use of photography and collages with a new typographical approach adopting fonts and formats free of classical influences was applied to posters and brochures. Interesting examples of its application can be found in the luggage labels designed by Decio Bramante Buffoni (1890-1965) for the Italia shipping company where photographic collages alternated with evocative drawings in a graphic composition freed of all formal rigours.

During World War Two, the entire Italian merchant fleet was destroyed by submarines and Allied bombings. The only vessels to survive out of the impressive pre-war transatlantic fleet were the motorships *Saturnia* and *Vulcania* and the two liners *Conte Biancamano* and *Conte Grande*; the former were used as hospital ships for civilians returning from Italian East Africa, while the latter were commissioned by the Americans for use as troop transport and returned to the Italian government after the end of hostilities, undergoing a complete refit in 1948.

Immediately after the war, the transatlantic passenger demand initially consisted of an increasing number of returning prisoners of war, ex-inhabitants of the Italian colonies and persons compromised by their links with the fallen regime who intended to leave Italy to seek employment overseas; they also included political refugees and stateless persons provisionally settled in Italy by the Allied Military Government who moved abroad with the help of the International Refugees Organization (I.R.O.). The ranks of these passengers were joined by a new wave of emigration caused by the post-war economic crisis spreading through all the countries involved in the war, Italy in particular, where the labour market was afflicted by high levels of unemployment mostly stemming from the pre-war period. The countries absorbing the brunt of this new migratory wave were Argentina, Venezuela and Brazil, followed by Canada and above all Australia. The situation was rather different in the North American sector where contingent fac-

PROSSIME PARTENZE PER IL SUD AMERICA

NAVE	DA NAPOLI	SCALI
AUGUSTUS Stazza lorda tonn. 27.500 - dislocamento tonn. 30.000 circa	**20 Aprile** (in trasbordo)	Villafranca, Barcellona, Dakar, Rio Janeiro, Santos, Montevideo, Buenos Aires
MARCO POLO Stazza lorda tonn. 8.949 dislocamento tonn. 15.070	**25 Aprile**	Las Palmas, RECIFE, Rio Janeiro, Santos, Montevideo, Buenos Aires
GIULIO CESARE Stazza lorda tonn. 27.500 - dislocamento tonn. 30.000 circa	**28 Aprile** (in trasbordo)	Villafranca, Barcellona, Dakar, Rio Janeiro, Santos, Montevideo, Buenos Aires
CABOTO Stazza lorda tonn. 9.003 dislocamento tonn. 15.070	**4 Maggio**	Las Palmas, Rio Janeiro, Santos, Montevideo, Buenos Aires
VIVALDI Stazza lorda tonn. 8.949 dislocamento tonn. 15.070	**14 Maggio**	Las Palmas, Rio Janeiro, Santos, Montevideo, Buenos Aires
CONTE GRANDE Stazza lorda tonn. 23.841 dislocamento tonn. 25.000	**13 Maggio** (in trasbordo)	Villafranca, Barcellona, Dakar, Rio Janeiro, Santos, Montevideo, Buenos Aires
TOSCANELLI Stazza lorda tonn. 9.003 dislocamento tonn. 15.070	**22 Maggio**	Las Palmas, Rio Janeiro, Santos, Montevideo, Buenos Aires

"ITALIA"
SOCIETÀ DI NAVIGAZIONE · GENOVA

Per informazioni rivolgersi:

Affiss. aut. Questura Milano, 25-V-1951, art. 203 Legge P. S.

AMILCARE PIZZI S.p.A. - MILANO

---

testo, poiché è ripreso da altri artisti che partecipano al concorso, tra questi il maestro indiscusso della grafica pubblicitaria del periodo interbellico: Cassandre (Adolphe Jean-Marie Mouron, 1901-1968) che disegna una sfera solcata da paralleli e meridiani sulla cui sommità appaiono navigando tre navi con i colori sociali delle compagnie Lloyd Triestino, Italia e Cosulich. Ancora è il globo terracqueo a dominare la composizione delle proposte di Giovanni Patrone e di Renato Cenni (1906-1977). Gli anni trenta vedono un veloce rinnovamento della grafica pubblicitaria in tutti i campi, non ne sono esenti le compagnie di navigazione italiane. Ancora una volta sono i modelli di oltralpe a suggerire modalità e soluzioni e si affacciano sulla scena alcuni nuovi attori che diverranno protagonisti della grafica navale: a Genova Giovanni Patrone che oltre all'attività di pittore affianca quella di cartellonista e grafico prevalentemente per le compagnie di navigazione esercitata con attenzione ai modelli d'oltralpe; in particolare la sua opera è tangente a quella di Cassandre nel rilievo dato ad alcuni elementi strutturali della nave, prua, fumaiolo e "trombe a vento". Filippo Romoli (1901-1969) dal 1926 impiegato dalla Barabino & Graeve nel disegno di materiali pubblicitari anch'egli attento alle indicazioni più aggiornate della grafica internazionale. Renato Cenni che realizza i suoi primi lavori pubblicitari per la società Italia, il Lloyd Triestino e l'Adriatica. Nel 1937 deve lasciare l'Italia per aver rifiutato l'iscrizione al partito fascista, raggiunge Parigi, dove rimane per sette anni e ottiene successo come *créatif publicitaire* e illustratore. L'Italia perde così uno dei suoi migliori artisti grafici che ha prodotto alcuni capolavori della grafica pubblicitaria navale, tra questi uno dei più efficaci manifesti degli anni trenta quello per il servizio nordamericano della società Italia dove la sagoma del transatlantico *Rex* è sovrastata in una singolare prospettiva aerea dalla statua della Libertà. Il gusto per l'esotismo che negli anni venti aveva già avuto con varianti linguistiche e culturali diverse un ruolo importante nella grafica pubblicitaria in genere e in quella delle compagnie di navigazione in particolare, assume negli anni trenta caratteri specifici. Entrano nell'immaginario le suggestioni per la scoperta di mete extraeuropee, Estremo Oriente, Africa, Australia e per quelle dell'Oriente Mediterraneo e dell'Egeo. Nei manifesti del Lloyd Triestino e delle

tors such as the purchasing power of the dollar led to growing tourist flows not reserved for rich passengers but also encompassing the American middle class — storekeepers, students and ex-servicemen who wished to visit peacetime Europe. The large demand for passenger ships in the post-war period, which rose from 1945 onwards, stimulated ship-building and entrepreneurial initiatives, even by private shipping companies: many shipowners present on the pre-war freight market would later extend their activities to passenger liners. A number of these initiatives met with success as in the case of ship-building by the Lauro, Costa, Grimaldi, Vlasov families, giving rise in some cases to enterprises and dynasties that have survived until today. The first ships entering into transatlantic service built by private shipowners included the motorship *Andrea Gritti*, which embarked for South America in August 1946; it was followed in June 1948 by the new motorship *Francesco Morosini*, built 1947 at Monfalcone, followed in December 1948 by her sister ship *Sises*: all three motorships belonged to the Sidarma-Italnavi group, Venice. Riccobaldi designed several posters publicizing the service to America by the three ships owned by the company. Another private company moving into the passenger transport market was Home Lines: although all its ships flew under the Panamanian flag, the company, which would expand considerably in the newly established cruise sector, may be considered Italian to all effects because the Officers and crews on its ships were all Italian and it built its ships in Italian shipyards as well as commissioning the fitting-out from Italian architects. The company, which was founded in 1946 by the Greek shipowner Eugen Eugenides, was run by the Fratelli Cosulich shipping company. The steamship *Argentina* left for South America in November 1946 and the *Brasil* left in April 1948; both were former north European ocean liners, which were adapted for use on the Mediterrean route. The next ship to be acquired was the Swedish liner *Kungsholm*, which was renamed *Italia* before undergoing major refitting prior to her departure for South America in July 1948; she was followed a year later by the liner *Atlantic*, which was bought in the United States and rebuilt in Genoa before leaving for her maiden voyage in May 1949. Finally, in 1955, the Home Line put into service

the ocean liner *Homeric,* an American liner built before the war, which was acquired by the company and sent to the Monfalcone shipyard for reconstruction.

Among the private shipping companies destined to go onto greater things was the Genoese Costa company, which inaugurated its passenger service to South America with the motorships, *Anna C.*, which entered into service in March 1948, and *Andrea C.*, which entered into service that same year. The corporate name of the Giacomo Costa fu Andrea company was simply publicized as Linea C. In 1952, the Italy-Venezuela service was inaugurated with the small motorship *Franca C.* but it was not until 1957 that the company would make its real breakthrough when the Ansaldo shipyards in Genova Sestri were given the order to build the turbine steamer *Federico C.* which entered into service on Genoa-Rio de Janeiro-Santos-Montevideo-Buenos Aires route in March 1958. In October that same year the company bought the motorship *Bianca C.*, which was put into service on the Italy-East Indies route. With the entry into service of the turbine steamer *Federico C.,* Linea C. became a serious competitor to the Italia state-owned fleet, winning over an important percentage of tourist and luxury traffic, and becoming part of the élite of leading shipping companies running services in the South Atlantic.

In the nineteen forties there were discussions in the Italian parliament regarding whether or not to maintain the system headed by Finmare — strongly opposed by the private shipowners — based on state-run maritime services of national interest set up in the pre-war period. It was decided to maintain state control of the shipping companies thought to be the only way to guarantee the huge financial investments necessary to launch a wide-reaching reconstruction programme. As part of this programme, Italia ordered two motorships for the South America route: the first was laid down on 28 July 1949 in Monfalcone, the second in the Trieste shipyards on 1 June 1949. The two ships were given the names of two celebrated pre-war ocean liners owned by Navigazione Generale Italiana, *Giulio Cesare* and *Augustus*. The maiden journeys of *Giulio Cesare*, on 27 October 1951, and of the *Augustus*, on 4 March 1952, were preceded by a major publicity campaign and a promotional cruise in the Mediterranean. Italia also ordered

← Giovanni Patrone, *Prossime partenze per il Sud America*, 1952, manifesto / poster 98 x 60 cm. Galleria L'Image, Alassio

↑ Ottaviani, *Viaggiate, spedite, Flotta Lauro*, 1950, manifesto / poster 100 x 70 cm

two units for the route to North America from the Ansaldo shipyards in Genova Sestri: the first was launched with the name *Andrea Doria* and left for her maiden voyage to New York on 14 January 1953; her sister ship *Cristoforo Colombo* followed her in July 1954. With the construction of the ocean liners *Augustus* and *Giulio Cesare*, *Andrea Doria* and *Cristoforo Colombo* services to the American continent were normalized. The other companies in the Finmare group also ordered numerous units from national shipyards. Lloyd Triestino put into service a number of fine ships build in the North Adriatic's shipyards: the motorships *Australia*, *Oceania* and *Neptunia* entered into service on the route to Australia in April, August and September of 1951, respectively. Lloyd Triestino also gave orders for the construction of the motorships *Africa* and *Europa*, which were put into service on the South

società Adriatica e Tirrenia, trovano spazio elementi architettonici, paesaggi e più raramente tipi indigeni. La panoramica di esempi parte dal classicismo novecentista del manifesto di Marcello Nizzoli (1887-1969) per il Lloyd Triestino, raffigurante un sito archeologico, alla brillante composizione di Renato Cenni per la Adriatica di navigazione con la *Venere di Milo* in primo piano e prosegue ancora con i numerosi tipi indigeni dei manifesti di Gino Boccasile, Marcello Dudovich, Renato Cenni e Giovanni Patrone. Non è estranea a questo clima la politica di colonizzazione fascista, l'invito del regime a visitare o trasferirsi nei territori d'oltremare e la retorica sulla fondazione dell'Impero. Per le pubblicità delle crociere della Italia Cosulich che – nei periodi di bassa stagione e scarsa richiesta di passaggi transatlantici – impiegano le navi, con alterno successo, in crociere mediterranee a volte inserendo nuovi scali nei viaggi di linea programmati, viene prediletta la figura femminile, dal sorriso accattivante e dalle forme procaci. Si veda come con linguaggi diversi rielaborano il tema: Marcello Dudovich *Crociere 1934*, Franz Lenhart *Crociere 1934*, Gino Boccasile *Crociere 1935*, Alberto Bianchi *Crociere Italia Cosulich* (1882-1969), Erberto Carboni (1899-1984) *Crociere 1937*, Xanti Schawinski *Estate sul mare* (1904-1979). Carboni e Schawinski sono un esempio delle proposizioni più avanzate della grafica internazionale, rappresentata in Italia dalla rivista "Campo Grafico" nata nel 1933 e dai grafici riunitisi nello studio fondato nello stesso anno da Antonio Boggeri (1900-1989). Il nuovo linguaggio ha una influenza anche sulla grafica delle compagnie di navigazione dove l'uso della fotografia e del collage con nuova impostazione tipografica con caratteri e composizione degli spazi, liberi dagli schemi classici, viene applicata a manifesti e brochure. Interessanti gli esempi di Decio Bramante Buffoni (1890-1965) per le etichette bagagli della società Italia in cui il *collage* fotografico si alterna al disegno di elementi evocativi inserito in una composizione grafica ormai emancipata da rigori formali.

Durante la Seconda guerra mondiale l'intera flotta mercantile italiana viene annientata dalla guerra sottomarina e dai bombardamenti alleati. Dell'imponente flotta transatlantica prebellica si salvano soltanto le motonavi *Saturnia* e *Vulcania* e i due *liners Conte Biancamano* e *Conte Grande*, le prime utilizzate erano state utiliz-

zate come navi ospedale per il rientro di civili dall'Africa Orientale italiana, le seconde, impiegate dagli americani come trasporto truppe sono restituite al governo italiano al termine del conflitto e completamente ri-allestite con nuovi arredi e impianti nel 1948.

La domanda nel settore di traffico passeggeri transatlantico negli anni dell'immediato dopoguerra è costituita, in un primo tempo, da un numero sempre maggiore di reduci dalla prigionia smobilitati, di ex abitanti delle colonie italiane e di persone compromesse con il regime caduto che intendevano lasciare l'Italia per cercare lavoro oltre oceano; a questi si aggiungono i rifugiati politici e gli apolidi che il governo militare alleato ha provvisoriamente sistemato in Italia e che tramite la International Refugees Organization (I.R.O.) sono trasferiti nei paesi d'oltremare. A quella massa si somma una nuova ondata di emigrazione generata dalla crisi economica postbellica che ha investito tutti i paesi coinvolti nel conflitto e in particolare l'Italia, in cui il mercato del lavoro è gravato da un altissimo tasso di disoccupazione largamente pregressa agli eventi bellici. I paesi che assorbono maggiormente questa nuova ondata migratoria sono, oltre all'Argentina, il Venezuela e il Brasile a cui si aggiungono più tardi il Canada e soprattutto l'Australia. Diversa era la situazione nel settore nordamericano, in cui, grazie anche a fattori contingenti quali il potere d'acquisto del dollaro, si va sviluppando un crescente traffico turistico non riservato esclusivamente ai passeggeri di classe ma costituito anche dalla *middle class* americana, commercianti, studenti ed ex combattenti che desiderano visitare l'Europa in tempo di pace. La forte richiesta di navi da passeggeri nel periodo postbellico, cresciuta a partire dal 1945, offre un forte incentivo a iniziative armatoriali e imprenditoriali anche da parte di società di navigazione private: molti armatori presenti sul mercato prebellico del trasporto delle merci inaugurano un'attività di gestione di navi di linea per passeggeri. Alcune iniziative sono coronate dal successo: è il caso degli armamenti delle famiglie Lauro, Costa, Grimaldi, Vlasov; alcune di loro danno vita a imprese e dinastie la cui vicenda giunge fino a oggi. Tra le prime nuove navi di armatori privati a entrare in servizio transatlantico vi è la motonave *Andrea Gritti*, partita nell'agosto 1946 per il Sud America; a questa segue nel giugno 1948 la nuova motonave *Francesco Morosini*, costrui-

ta nel 1947 a Monfalcone, e nel dicembre 1948 la gemella *Sises*: tutte e tre le motonavi appartengono al gruppo Sidarma-Italnavi di Venezia. Alcuni manifesti di Riccobaldi pubblicizzano il servizio per l'America delle navi di questa compagnia. Tra le società private affacciatesi sul mercato del trasporto passeggeri appare la Home Lines: benché tutte le sue navi battessero bandiera panamense, tale compagnia, che avrà grande sviluppo nel nascente settore crocieristico, può essere considerata italiana, dal momento che di nazionalità italiana erano lo stato maggiore e l'equipaggio delle sue navi ed ebbe la consuetudine di costruire le proprie unità nei cantieri nazionali e di commissionare gli interni ad architetti italiani. Costituita nel 1946 per iniziativa dell'armatore greco Eugen Eugenides la compagnia fu affidata alla gestione armatoriale della società Fratelli Cosulich. Nel novembre del 1946 parte per il Sud America il piroscafo *Argentina* e nell'aprile 1948 il *Brasil*, due ex transatlantici nordici adattati alla linea del Mediterraneo. A queste due navi segue l'acquisto del *liner* svedese *Kungsholm* che, ribattezzato *Italia*, viene radicalmente trasformato salpando per il Sud America nel luglio del 1948, a un anno di distanza segue il *liner Atlantic* acquistato negli Stati Uniti, ricostruito a Genova e partito per il viaggio inaugurale nel maggio 1949. Infine nel 1955 la Home Line immette in servizio il transatlantico *Homeric*, si tratta di un *liner* americano di costruzione prebellica, acquistato dalla compagnia e affidato per la ricostruzione al cantiere di Monfalcone. Tra gli armatori privati destinati a importanti sviluppi vi sono i genovesi Costa che inaugurano il servizio passeggeri per il Sud America con le motonavi *Anna C.*, entrata in servizio nel marzo 1948, e *Andrea C.*, nel giugno dello stesso anno. La ragione sociale della compagnia Giacomo Costa fu Andrea viene pubblicizzata semplicemente come Linea C. Nel 1952 con la piccola motonave *Franca C.* si inaugura il servizio di linea Italia-Venezuela ma il grande balzo qualitativo avviene nel 1957 con l'ordine passato ai cantieri Ansaldo di Genova Sestri della turbonave *Federico C.* che entra in servizio sulla linea Genova-Rio de Janeiro-Santos-Montevideo-Buenos Aires nel marzo 1958. Alla *Federico C.* segue, nell'ottobre dello stesso anno, l'acquisto della motonave *Bianca C.*, destinata alla rotta Italia-Indie Orientali. Con l'entrata in servizio della turbonave *Federico C.,* la Linea C. si

African route from early 1952 onwards. Two further motorships completed the new units acquired by this Trieste-based shipping company: the *Victoria* and *Asia*, entered into service in the Far East in March and April 1953. Adriatica, the Venetian shipping company, built the following ships: *Esperia* in 1949 followed by the sister ships *Enotria* and *Messapia*, which entered into service in 1952, followed in 1956 by the *San Marco* and *San Giorgio* and in 1957 by the flagship *Ausonia*, which had a gross register tonnage of over 10,000 GRT. In 1959, the reconstruction of the corporate fleet was completed by the small motorships *Bernina*, *Stelvio* and *Brennero*.

Tirrenia, a shipping company based in Naples, put into service the motorship *Sicilia*, *Sardegna* and *Calabria* at the end of 1952, followed by the motorships *Lazio* and *Campania Felix* in early 1953: all these sister units were intended for the service between the Italian mainland and her islands. The request for a new wave of publicity materials to promote the now reconstructed fleet was met by the pre-war artists who were joined by emerging designers. Almost as if exorcizing the tragic war that had just drawn to a close these adverts adopted themes and languages repeating the stylistic models and archetypes used in the nineteen-twenties and thirties, rediscovering the technique of drawing while making little use of photography, which was so successfully used in advertising prior to the outbreak of hostilities. Huge ships looming above the viewer, prows cleaving the waves, close-up views of the ship's sides and funnels were once again the main focus of naval advertising graphics. There were also deliberate reworkings of pre-war models like Giovanni Patrone's poster for the maiden voyage of the ocean liner *Andrea Doria*, which blatantly references Cassandre's celebrated *Normandie*.

A new generation of graphic designers was hired by the PR departments of the shipping companies including an artist whose works were extraordinarily effective in communicating messages with a persuasive force and unusual irony For two decades or thereabouts Angelo Battistella (born in 1927) was responsible for the advertising of the Adriatic shipping company in Venice as well as designing publicity for Lloyd Triestino. This was an example of coordinated image, which went hand-in-hand with the model interiors of the white motor-

↑ Giovanni Patrone, *Vulcania Saturnia, la prima classe e la classe cabina*, 1950, brochure

↑ Giovanni Patrone, *Cruises like voyages, Saturnia, Vulcania*, 1956, brochure

Una nuova generazione di grafici è richiamata degli uffici pubblicitari delle compagnie, tra questi è obbligatorio citare Angelo Battistella (1927), le cui opere sono straordinariamente efficaci nel veicolare il messaggio con forza persuasiva e singolare ironia. Battistella per circa due decenni cura la grafica pubblicitaria della società Adriatica di navigazione di Venezia e partecipa a quella per il Lloyd Triestino. È un esempio di immagine coordinata, che agisce da sponda all'architettura degli interni-modello delle bianche motonavi della compagnia veneziana alternativamente disegnate dagli architetti Nino Zoncada e Gustavo Pulitzer. Uno degli artisti più presenti, insieme a Giovanni Patrone, nelle strategie di comunicazione delle compagnie negli anni postbellici è Dario Bernazzoli (1908-1999) che aveva iniziato la sua attività come apprendista presso la Barabino & Graeve negli anni trenta. Bernazzoli ha una vasta attività di cartellonista che conduce con riferimento alla produzione prebellica.

Verso la metà degli anni cinquanta fonda lo Studio Firma insieme a Marco Biassoni (1930-2002), Flavio Costantini (1926-2013) e Ettore Veruggio (1925-2012). All'interno del gruppo Bernazzoli continuò a curare l'immagine pubblicitaria delle compagnie genovesi e della Finmare anche attraverso la realizzazione di allestimenti di padiglioni per fiere internazionali e per le Triennali milanesi. Ettore Veruggio è invece legato alla committenza della flotta Costa per cui realizza numerosi pieghevoli, inserti pubblicitari, brochures e infine nel 1965 il manifesto per il viaggio inaugurale del transatlantico *Eugenio C.*, ultimo esempio di grafica pubblicitaria per un transatlantico italiano.

Dopo il tragico affondamento della *Andrea Doria* in seguito alla collisione con la nave svedese *Stockholm* nel luglio 1956, viene immediatamente ordinato ai cantieri navali Ansaldo un nuovo transatlantico destinato a sostituire la sfortunata unità che viene varato a Genova Sestri il 7 dicembre 1958 col nome di *Leonardo da Vinci* e che entra in servizio nel 1960 in tempo per condurre in Italia per le Olimpiadi di Roma il pubblico americano. Nell'ottobre del 1958 il primo jet commerciale inaugura il servizio aereo transatlantico tra gli Stati Uniti d'America e la Gran Bretagna: si tratta del B707 della American Boeing Company che è in grado di ridurre il tragitto tra i due continenti da sei giorni a poco più di sei ore. Il progresso tecnologico aeronautico

ships of the Venetian company designed by Nino Zoncada and Gustavo Pulitzer in turn. In addition to Giovanni Patrone, another artist playing an important role in the communication strategies of the shipping companies in the post-war years was Dario Bernazzoli (1908-1999) who began his career as an apprentice working for Barabino & Graeve in the nineteen-thirties. Bernazzoli produced a vast body of billboard material inspired by the pre-war production.

Around the mid-nineteen-fifties, he founded Studio Firma together with Marco Biassoni (1930-2002), Flavio Costantini (1926-2013) and Ettore Veruggio (1925-2012). Within the group Bernazzoli continued to be responsible for the advertising image of the Genoese shipping companies and of Finmare, also by creating the pavilions for international fairs and for the Milanese Triennials. Ettore Veruggio mainly did work for the Costa fleet, designing numerous leaflets, advertising inserts, brochures for them, as well as the 1965 poster for the maiden voyage of the ocean liner *Eugenio C.*, which was to be the last example of advertising graphics for an Italian ocean liner.

After the tragic sinking of the *Andrea Doria* following a collision with the Swedish ship *Stockholm* in July 1956, the Ansaldo shipyards were immediately given the order to build a new ocean liner to replace the unfortunate unit, which was launched at Genova Sestri on 7 December 1958 under the name *Leonardo da Vinci*, entering into service in 1960 in time to transport the American public to Rome for the Olympics. In October 1958, the first commercial jet inaugurated the transatlantic air service between the United States and Great Britain: the B707 of the American Boeing Company reduced the journey between the two continents from six days to just over six hours. Aeronautical technological progress heralded a new era in collective transport: in the space of just a few years the advent of the jet put most ocean liners out of business. Initially at least, competition from jets was less fierce on the routes to South America or Australia: the greater distances involved left some breathing space for sea transport until the birth in the mid-nineteen sixties of a new generation of commercial aircraft with greater flying autonomy. In 1963 Lloyd Triestino put two new flagships into service on the

↑ Mario Vegni, *Crociere estive Franca C.*, 1959, manifesto / poster 47,5 x 67 cm. Galleria L'Image, Alassio

↑ Giovanni Patrone, *Leonardo da Vinci, Italian Line*, 1960, manifesto / poster 101,7 x 66,3 cm. Galleria L'Image, Alassio

inaugura una nuova era del trasporto collettivo: l'aereo commerciale a reazione costringe i transatlantici nel giro di pochi anni a uscire di scena. Su rotte come quella per il Sud America o verso l'Australia la concorrenza aerea è inizialmente meno agguerrita: le maggiori distanze da coprire lasciano ancora spazio al trasporto via mare fino alla nascita, nella metà degli anni sessanta, di una nuova generazione di aerei commerciali dotati di maggiore autonomia di volo. Nel 1963 il Lloyd Triestino inserisce sulla rotta per l'Australia le nuove ammiraglie *Galileo Galilei* e *Guglielmo Marconi*, le più grandi navi passeggeri della sua lunga storia, le ultime. Nel 1957 il numero di passeggeri transatlantici trasportato via mare tocca la punta massima con oltre un milione di unità: il costante incremento del movimento del traffico transatlantico induce le compagnie di navigazione a scelte ottimistiche che risulteranno frutto di errori di valutazione delle nuove potenzialità del trasporto aereo; se già nel 1958 l'aereo supera la nave sul Nord Atlantico, gli investimenti in nuove unità di linea appaiono azzardati tentativi per mantenere una segmentazione della domanda nel settore del trasporto sull'Atlantico. Nel novembre 1960 sono impostati per la Italian Line nei cantieri di Genova e Trieste due supertransatlantici per la linea Genova-New York. *Michelangelo* e *Raffaello*, questi i nomi delle due nuove unità, entrano in servizio solo nel 1965, sono due navi anacronistiche per le esigenze del traffico transatlantico e troppo in anticipo per il *boom* crocieristico che si sarebbe sviluppato solo due decenni dopo la loro costruzione. *Michelangelo* e *Raffaello* sono caratterizzate da due originali fumaioli

a traliccio spostati verso poppa e muniti di due grossi alettoni per la dispersione dei fumi al di fuori della nave sono l'elemento più innovativo dando alle due unità un aspetto inconfondibile e un'immediata riconoscibilità. Non è un caso che negli ultimi manifesti disegnati da Dario Bernazzoli per il lancio pubblicitario delle due ammiraglie della società Italia – in cui l'artista rinuncia definitivamente al mezzo pittorico cedendo all'immagine fotografica – sono protagonisti i due fumaioli a traliccio. Il 31 agosto 1966 entra in servizio per il Sud America la turbonave *Eugenio C.* con una stazza di oltre trentamila tonnellate, è la più grande nave mai costruita per un armatore privato italiano; venne realizzata presso i cantieri navali di Monfalcone; con la sua costruzione si conclude il ciclo storico delle navi di linea. I criteri tecnici e distributivi che caratterizzano la nuova ammiraglia dei Costa sono tuttavia molto avanzati, la nave è progettata infatti con una attenzione maggiore verso il servizio di crociera, prevedendo un sicuro sviluppo del settore. La costruzione di *Eugenio C.* rappresenta l'ultima tappa nello sviluppo della navigazione di linea italiana prima che la crisi petrolifera internazionale, nei primi anni settanta dia il colpo di grazia alla marineria di linea costringendo al disarmo e alla demolizione di tutta la flotta passeggeri. Oggi le navi di linea, come scrive Fussel, "sono state sostituite da navi da crociera: piccoli pseudo-luoghi mobili che transitano senza fine fra più ampi pseudo-luoghi fissi. Ma persino una nave da crociera è preferibile a un aereo: è più salutare perchè a bordo si può fare esercizio fisico, ed è più romantica perchè ci si può fare l'amore".

Bibliografia essenziale

F. Calaminici, A. Zunino (a cura di), *Barabino & Graeve. Storia di una grande industria grafica*, Corigraf, Genova 1996.
L. Coons, A. Varias, *Tourist Third Cabin. Steamship travel in the interwar years*, Palgrave Macmillan, New York 2003.
E. Coppola (a cura di) *Six Wonderful Days. Un invito al viaggio sulle grandi navi italiane*, catalogo della mostra, Tormena, Genova 2002.
M. Eliseo, P. Piccione, *The Costa Liners*, Carmania Press, Londra 1997.
M. Eliseo, P. Piccione, *Transatlantici. Storia delle grandi navi passeggeri italiane*, Tormena, Genova 2001.
M. Fochessati, *Arte in crociera. Il contributo degli artisti liguri tra promozione e produzione*, in *Six Wonderful Days. Un invito al viaggio sulle grandi navi italiane*, Tormena, Genova 2002, pp. 134-154.

P. Fussel, *Abroad. British Literary Travelling Between the Wars*, Oxford University Press, Oxford 1980, traduzione Italiana: *All'estero. Viaggiatori inglesi fra le due guerre*, Il Mulino, Bologna 1988.
M. Piazza, (a cura di), *1 firma x 6. Bernazzoli, Biassoni, Costantini, Veruggio, Luzzati, Piombino*, Corigraf, Genova 2004.
P. Piccione (a cura di), *Costa Crociere. Cinquant'anni di stile*, Silvana Editoriale, Cinisello Balsamo 1998.
P. Piccione (a cura di), *Crociere nell'arte. Arte a bordo delle navi italiane*, Tormena, Genova 2002.
P. Piccione, *Genova, città dei transatlantici. Un secolo di navi passeggeri*, Tormena, Genova 2004.
P. Piccione (a cura di), *Raffaele Rubattino. Un armatore genovese e l'Unità d'Italia*, Silvana Editoriale, Cinisello Balsamo 2010.
P. Piccione (a cura di), *Transatlantico Rex. Il mito e la memoria*, Silvana Editoriale, Cinisello Balsamo 2013.

P. Prato e G. Trivero, *Viaggio e Modernità. L'immaginario dei mezzi di trasporto tra '800 e '900*, Shakespeare & Company, Napoli 1989.
G. Priarone, *Grafica pubblicitaria in Italia negli anni trenta*, Cantini, Firenze 1989.
F. Sborgi (a cura di), *Invito al viaggio. L'immagine di promozione turistica in Liguria nel Novecento*, Corigraf, Genova 1991.
S. Vatta, *Sul Mare. Grafica pubblicitaria ed editoriale attraverso le copertine della rivista di viaggi del Lloyd Triestino dal 1925 al 1944*, Lint, Trieste 2000.
A. Villari, *L'arte della pubblicità: il manifesto italiano e le avanguardie, 1920-1940*, Silvana Editoriale, Cinisello Balsamo 2008.

Australian route; *Galileo Galilei* and *Guglielmo Marconi* were the largest passenger ships built in the company's long history, and the last. In 1957 the number of transatlantic passengers transported via sea would reach a record high of over one million units: the constant increase in transatlantic traffic movements would lead the shipping companies to make optimistic choices resulting from errors of judgement concerning the new potential of air transport; given that in 1958 aeroplanes were already outperforming ships in the North Atlantic, investing in new vessels seemed like a desperate attempt to maintain segmentation of the demand in the Atlantic transport sector. In November 1960 work began in the Genoa and Trieste shipyards on two super ocean liners to serve the Genoa-New York routes of the Italian Line: *Michelangelo* and *Raffaello*. The two new units, which would not enter into service until 1965, were anachronistic in terms of the needs of transatlantic traffic and ahead of their time with respect to the cruise boom that would take place just two decades after their construction. The most striking feature of the *Michelangelo* and *Raffaello* consisted of two innovative funnels with trellis-like pipework that were situated towards the stern and were fitted with two large smoke deflector fins, making them immediately recognizable. In fact, the

last posters designed by Dario Bernazzoli for the publicity launch of the two flagships of the Italia company — using photography instead of a painted image — are dominated by these two lattice funnels. On 31 August 1966 the turbo steamer *Eugenio C.* entered into service on the South American route; with a gross registered tonnage of over 30,000 GRT, it was the largest ship ever built for a private Italian shipping company. The Eugenio C. was built in the Monfalcone shipyards and marked the close of the history of ocean liners. The technical and distribution criteria characterizing the new Costa flagship were highly advanced. In fact, the ship was designed to take advantage of the cruise sector in view of its expected future development. The construction of the *Eugenio C.* was the last positive sign in the development of Italian navigation services before the international petrol crisis in the early seventies dealt the death blow to the liner shipping sector, forcing its companies to decommission and demolish the entire passenger fleet. Today, in the words of Fussel, "ships have been replaced by cruise ships, small moveable pseudo-places making an endless transit between larger fixed pseudo-places. But even a cruise ship is preferable to a plane. It is healthier because you can exercise on it, and it is more romantic because you can copulate on it."

↑   Marco Biassoni,
Set sail for happiness, 1957,
manifesto / poster
99 x 62 cm

Essential Bibliography
F. Calaminici, A. Zunino (ed. by), Barabino & Graeve. Storia di una grande industria grafica, Corigraf, Genoa 1996.
L. Coons, A. Varias, Tourist Third Cabin. Steamship travel in the interwar years, Palgrave Macmillan, New York 2003.
E. Coppola (ed. by) Six Wonderful Days. Un invito al viaggio sulle grandi navi italiane, exhibition catalogue, Tormena, Genoa 2002.
M. Eliseo, P. Piccione, The Costa Liners, Carmania Press, London 1997.
M. Eliseo, P. Piccione, Transatlantici. Storia delle grandi navi passeggeri italiane, Tormena, Genoa 2001.
M. Fochessati, Arte in crociera. Il contributo degli artisti liguri tra promozione e produzione, in Six wonderful days. Un invito al viaggio sulle grandi navi italiane, Tormena, Genoa 2002, pp.134-154.

P. Fussel, Abroad. British Literary Travelling Between the Wars, Oxford University Press, Oxford 1980,
M. Piazza, (ed. by), 1 firma x 6. Bernazzoli, Biassoni, Costantini, Veruggio, Luzzati, Piombino, Corigraf, Genoa 2004.
P. Piccione (ed. by), Costa Crociere. Cinquantanni di stile, Silvana Editoriale, Cinisello Balsamo 1998.
P.Piccione (ed. by), Crociere nell'arte. Arte a bordo delle navi italiane, Tormena, Genoa 2002.
P. Piccione, Genova, città dei transatlantici. Un secolo di navi passeggeri, Tormena, Genoa 2004.
P. Piccione (ed. by), Raffaele Rubattino. Un armatore genovese e l'Unità d'Italia, Silvana Editoriale, Cinisello Balsamo 2010.
P. Piccione (ed. by), Transatlantico Rex. Il mito e la memoria, Silvana Editoriale, Cinisello Balsamo 2013.
P. Prato and G. Trivero, Viaggio e Modernità. L'immaginario

dei mezzi di trasporto tra '800 e '900, Shakespeare & Company, Naples 1989.
G. Priarone, Grafica pubblicitaria in Italia negli anni trenta, Cantini, Florence 1989.
F. Sborgi (ed. by), Invito al viaggio. L'immagine di promozione turistica in Liguria nel Novecento, Corigraf, Genoa 1991.
S. Vatta, Sul Mare. Grafica pubblicitaria ed editoriale attraverso le copertine della rivista di viaggi del Lloyd Triestino dal 1925 al 1944, Lint, Trieste 2000.
A. Villari, L'arte della pubblicità: il manifesto italiano e le avanguardie, 1920-1940, Silvana Editoriale, Cinisello Balsamo 2008.

L'età dell'emigrazione
The Emigration Age

↓ Anonimo / *Anonymus*,
*Società di Navigazione
Italiana, Fratelli Lavarello,*
1888, locandina / small
poster

↓ Anonimo / *Anonymus*,
*Navigazione Generale
Italiana*, 1888,
locandina / small poster

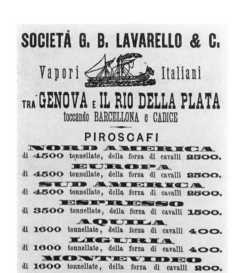

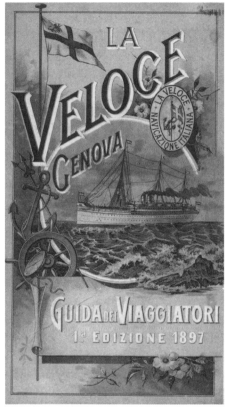

↑ Anonimo / Anonymus,
*Navigazione Generale
Italiana, linea del Brasile
e del Plata*, 1890,
manifesto / poster
140 x 70 cm

↑ Anonimo / Anonymus,
*Navigazione Generale
Italiana, Montevideo
e Buenos Aires*, 1899,
manifesto / poster
140 x 70 cm

↑ Anonimo / Anonymus,
*Navigazione Generale
Italiana, Servizio celere Italia
New York*, 1899,
manifesto / poster
140 x 70 cm

↑ Anonimo / Anonymus,
*Navigazione Generale
Italiana, Montevideo
e Buenos Aires*, 1900,
manifesto / poster
140 x 70 cm

↑ Aleardo Terzi, *Navigazione Generale Italiana, Handbook for information*, 1906, brochure

↑ Duilio Cambellotti, *Navigazione Generale Italiana*, 1905, locandina / small poster

↑ R. M. La Monaca,
   *Navigazione Generale
   Italiana*, 1908, brochure

↑ E.B., *Navigazione Generale
   Italiana*, 1909, brochure

↑ Anonimo / Anonymus,
   *Navigazione Generale
   Italiana*, 1909, brochure

↑ Duilio Cambellotti,
   *Navigazione Generale
   Italiana*, 1906, brochure

↑ Anonimo / Anonymus,
   *Navigazione Generale
   Italiana*, 1908, brochure

↑ Anonimo / Anonymus,
   *Navigazione Generale
   Italiana*, 1906, brochure

La VELOCE
Vapori Celeri per l'America del Sud

CINQUE PARTENZE al mese
da GENOVA e dall'AMERICA
Sede della Società Genova
Piazza Nunziata 18

FLOTTA

Nord America
Duche.ssa di Genova
Duca di Galliera
Vittoria
Matteo Bruzzo
Sud-America
Montevideo

Europa
Napoli

Rio Janeiro
Città di Genova
Rosario
Las Palmas

SCALI DELLE VARIE LINEE
Napoli-Barcellona-Lisbona-Las Palmas-
S.Vincenzo-Pernambuco-Bahia-Rio Janeiro-Santos-
Montevideo e Buenos Aires

Rivolgersi in Genova
Per i PASSEGGIERI di I.ᵃ II.ᵃ e Classe D.ᵃ alla DIREZIONE
3.ᵃ Classe
per PLATA   per BRASILE
Via A-DORIA (P.ᵗᵃ Principe)   Via PONTE CALVI 4-6-
PER LE MERCI
SIG. FRANCESCO MARAGLIANO - Vico Cartai N.º 8.

↓ Anonimo / *Anonymus,*
Lloyd Italiano, servizio
postale direttissimo per
le Americhe, 1908,
manifesto / *poster*
165 x 70 cm

↓ Anonimo / *Anonymus,*
Navigazione Generale
Italiana, partenze regolari
da Napoli, 1911,
manifesto / *poster*
140 x 70 cm

↓ Anonimo / *Anonymus, Navigazione*
Generale Italiana e La Veloce,
partenze settimanali da Napoli, 1902,
manifesto / *poster*
160 x 70 cm

→ Mario Borgoni, *Navigazione Generale*
Italiana, Indo-Cina, Levante, Mar Rosso,
Mediterraneo, Adriatico, 1902,
cartone / *cardboard*
45 x 33 cm.
Galleria L'Image, Alassio

↑   Anonimo / Anonymus,
*Italia navigazione
a vapore*, 1900, brochure

→   Osvaldo Ballerio,
Lloyd Sabaudo, 1906,
brochure

→   Aurelio Craffonara,
Lloyd Sabaudo, 1909,
cartone / cardboard
39 x 47 cm

Ettore Mazzini,
Lloyd Sabaudo, 1924,
brochure

↑ Anonimo / Anonymus,
*Re Vittorio, Navigazione
Generale Italiana*, 1922,
cartone / cardboard
39 x 47 cm

← Anonimo / Anonymus,
*Re Vittorio, Navigazione
Generale Italiana*, 1924,
brochure

↑   F. Bourillon,
Lloyd Latino, 1920,
manifesto / poster
95 x 66,5 cm.
Galleria L'Image, Alassio

↑   Aurelio Craffonara,
*Italia navigazione italiana
a vapore, piroscafo Ancona*, 1908,
cartone / cardboard
48 x 32 cm.
Galleria L'Image, Alassio

↑   Anonimo / Anonymous, *Lloyd
Latino, partenze da Genova
per il Sud America*, 1927,
manifesto / poster
98,5 x 65,5 cm.
Galleria L'Image, Alassio

Anonimo / Anonymus,
Linea Nord America,
Transatlantica Italiana,
1922, cartone / cardboard
48,5 x 40 cm

Anonimo / Anonymus,
Principessa Mafalda,
Navigazione Generale
Italiana, 1924,
cartone / cardboard
47 x 39 cm

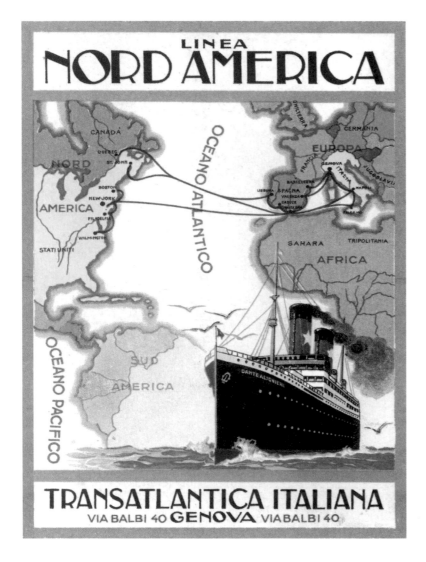

↓ Anonimo / Anonymus,
*Transatlantica Italiana,
servizi celeri postali per
il Nord e Sud America,*
1924, brochure

↓ A.S., Transatlantica
Italiana, Nazario Sauro,
1926, manifesto / poster
100 x 70 cm
Galleria L'Image, Alassio

Verso le Americhe sui palazzi naviganti
Sailing to Americas on Floating Palaces

Aurelio Craffonara,
*Lloyd Sabaudo,
Conte Rosso*, 1922,
manifesto / poster
146 x 108 cm

← Anonimo /
Anonymus,
*Lloyd Sabaudo,
Conte Rosso*, 1922,
brochure

↓ Anonimo /
Anonymus,
*Lloyd Sabaudo,
Conte Rosso -
Conte Verde,
seconde classi*, 1923,
brochure

→ C.A.P., *Lloyd Sabaudo, Conte Rosso - Conte Verde, prime classi,* 1923, brochure

→ C.A.P., *Lloyd Sabaudo, Conte Rosso - Conte Verde, seconde classi,* 1923, brochure

↓ Aurelio Craffonara, *Lloyd Sabaudo,* 1923, manifesto / poster 70 x 100 cm

Aurelio Craffonara, *Lloyd Sabaudo, The Three Counts*, 1925, manifesto / poster 99 x 68 cm
Galleria L'Image, Alassio

L. Rossignoli, *Lloyd Sabaudo, viaggi celeri e di lusso per le Americhe*, 1925, manifesto / poster 100 x 67 cm

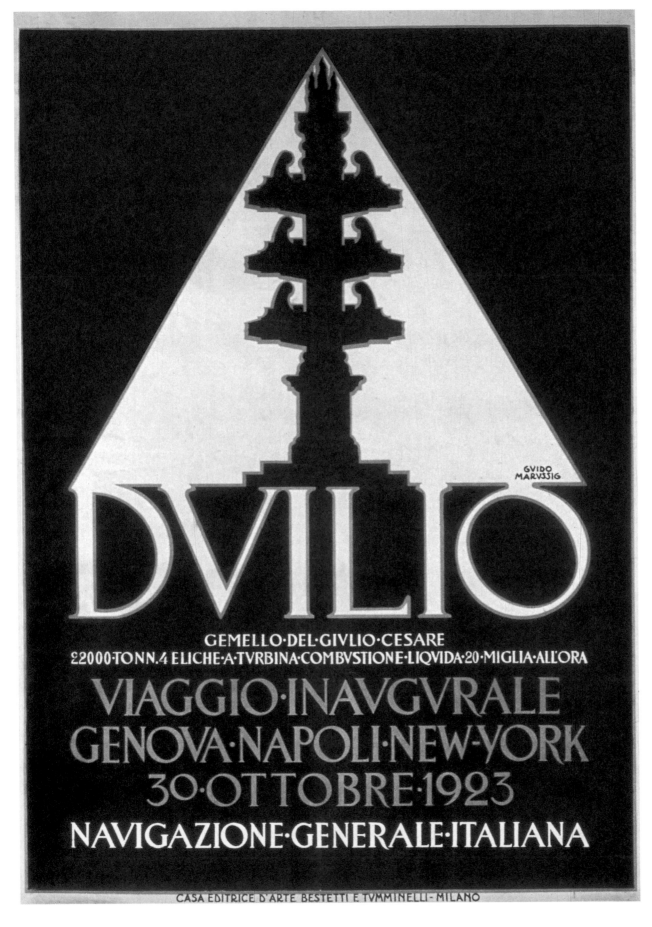

Guido Marussig,
*Duilio, viaggio
inaugurale,
Navigazione
Generale Italiana*,
1923, manifesto /
poster 98 x 68 cm

Aurelio Craffonara,
*Giulio Cesare,
Sud America
Express*, 1923,
manifesto / poster
136,3 x 95,7 cm.
Galleria L'Image,
Alassio

"DVILIO,,
"GIVLIO CESARE,,
I DUE PIÙ GRANDI TRANSATLANTICI
DELLA MARINA MERCANTILE ITALIANA

**NAVIGAZIONE GENERALE ITALIANA
GENOVA**

CABINA A DUE LETTI DEL " DUILIO "
SU QUESTO TRANSATLANTICO,COME SU TUTTI GLI ALTRI COLOSSI DELLA
"NAVIGAZIONE GENERALE ITALIANA" È NOTA DOMINANTE L'ELEGANZA ACCOPPIATA
ALLA PIÙ SCRUPOLOSA IGIENE. QUINDI LARGHE FINESTRE, AMBIENTI AMPI ED AERATI
PAVIMENTO IN LINOLEUM E MOBILI IN STILE SOBRIO

DVILIO

22.000. TONN. 4 ELICHE A TURBINA
COMBUSTIONE LIQUIDA

**30 OTTOBRE
VIAGGIO INAUGURALE
GENOVA-NAPOLI-NEW-YORK
NAVIGAZIONE GENERALE ITALIANA
GENOVA**

"GIVLIO CESARE"
TRANSATLANTICO DI LUSSO - 21.700 tonn.
SUD AMERICA EXPRESS
CLASSE DI LUSSO - CAMERA A DUE LETTI
NAVIGAZIONE GENERALE ITALIANA

← Anonimo /
Anonymous,
Duilio, Giulio
Cesare, Navigazione
Generale Italiana,
1924,
locandina / small
poster

← Anonimo /
Anonymous,
Duilio, cabina a due
letti, Navigazione
Generale Italiana,
1924, locandina /
small poster

← Anonimo /
Anonymous, Duilio,
viaggio inaugurale,
Navigazione
Generale Italiana,
1923, locandina /
small poster

← Anonimo /
Anonymous, Giulio
Cesare, cabina a due
letti, Navigazione
Generale Italiana,
1924, locandina /
small poster

→ Giuseppe Minonzio,
Giulio Cesare,
Navigazione
Generale Italiana,
1924, manifesto /
poster 139 x 97 cm.
Galleria L'Image,
Alassio

ITINERARIO DELLE DUE CROCIERE DI GRAN LUSSO NEW YORK-MEDITERRANEO

DATE DI PARTENZA

da NEW YORK : 8 Genn. 1924 e 16 Febbr.
„ MADERA . . : 15   „ 23
„ GIBILTERRA: 17   „ 25
„ ALGERI. . . : 18   „ 26
„ NAPOLI. . . : 21   „ 29
„ GENOVA. . : 25   „ 2 Marzo
„ MONACO . : 23   „ 2

DEL TRANSATLANTICO
"DVILIO"
24.000 TONN. - 4 ELICHE A TURBINA
A COMBUSTIONE LIQUIDA

Informazioni e biglietti di passaggio, anche per i soli tratti intermedi, presso tutti gli Uffici ed Agenzie della N. G. I. in Italia ed all'Estero.

NAVIGAZIONE GENERALE ITALIANA

il P.fo "GIVLIO CESARE" uscente dal Porto di GENOVA
il più grande e veloce piroscafo in servizio per il SUD AMERICA

NAVIGAZIONE GENERALE ITALIANA

← Anonimo / Anonymous, *Duilio, itinerario delle due corciere di gran lusso, Navigazione Generale Italiana*, 1924, locandina / small poster

↓ Anonimo / Anonymus, *Duilio, Navigazione Generale Italiana*, 1928, locandina / small poster

↑ Anonimo /
Anonymus, *Duilio, Giulio
Cesare, le terze classi,
Navigazione Generale
Italiana*, 1930, brochure

← Fredy, *Duilio, Navigazione
Generale Italiana*, 1928,
etichetta per bagagli /
baggage label

← Anonimo /
Anonymus, *Duilio,
Navigazione Generale
Italiana*, 1929, etichetta per
bagagli / baggage label

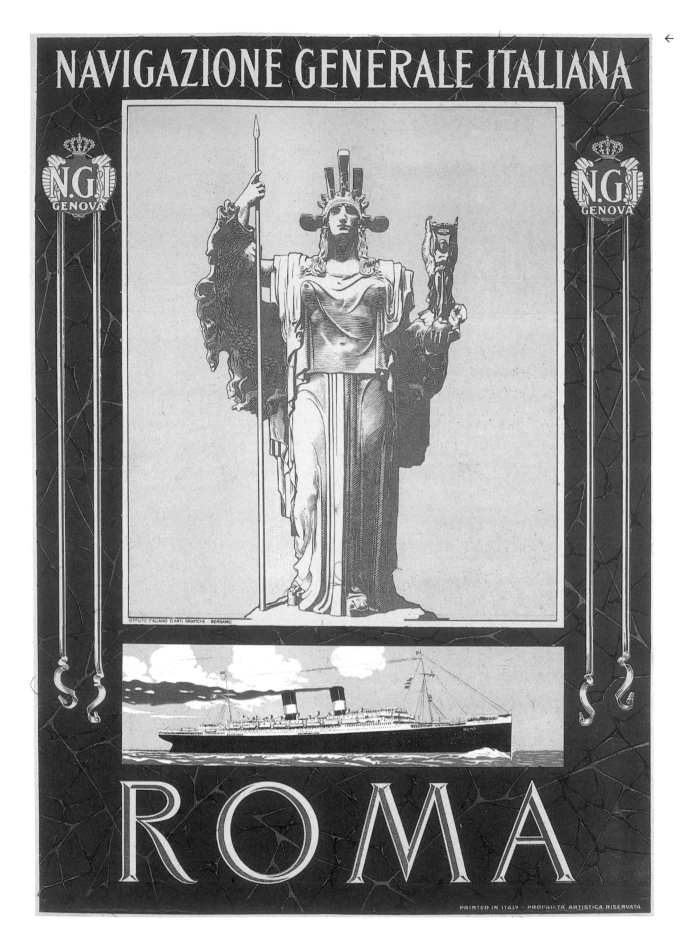

Anonimo /
Anonymus,
*Navigazione
Generale Italiana,
Roma*, 1926,
manifesto / poster
97 x 67,5 cm. Galleria
L'Image, Alassio

Giuseppe Riccobaldi,
*Navigazione
Generale Italiana,
Augustus*, 1928,
manifesto / poster
140 x 100 cm

↓ Anonimo /
Anonymus,
*Navigazione
Generale Italiana,
Augustus, la classe
di lusso*, 1928,
brochure

↓ Anonimo /
Anonymus,
*Navigazione
Generale Italiana,
Augustus*, 1928,
brochure

← Fredy, *Augustus,
Navigazione
Generale Italiana*,
1928, etichetta per
bagagli / baggage
label

↑   Marcello Dudovich,
*Navigazione
Generale Italiana,
Augustus, sports
on board*, 1929,
brochure

Marcello
Dudovich,
*Navigazione
Generale
Italiana,
Augustus,
sports on
board*, 1929,
brochure

→ Marcello
Dudovich,
*Navigazione
Generale
Italiana,
Augustus,
sports on
board*, 1929,
brochure

↑ Anonimo / Anonymus, *Lloyd Sabaudo, i nuovi postali per sola terza classe*, 1926, brochure

↑ Aurelio Craffonara, *Lloyd Sabaudo, Conte Grande*, 1928, brochure

↑ Anonimo / Anonymus, *Principessa Maria, Principessa Giovanna, Lloyd Sabaudo*, 1929, brochure

↑ Aleardo Terzi, *Cabina di lusso, Conte Grande*, 1928, brochure

↑ Aleardo Terzi, *Piscina di prima classe, Conte Grande*, 1928, brochure

↑ C.A.P., *Lloyd Sabaudo, prossime partenze da Genova*, 1929, manifesto / poster 101 x 63 cm. Galleria L'Image, Alassio

↑ C.A.P., *Lloyd Sabaudo, Mediterranèe Amerique*, 1930, manifesto / poster 111 x 74,5 cm. Galleria L'Image, Alassio

LLOYD
SABAUDO

CONTE GRANDE

Stampato in Italia - Printed in Italy   Regia Questura di Genova   31390 BARABINO & GRAEVE-GENOVA
Visto per l'affissione 9 Novembre 1927

← Aurelio Craffonara,
*Lloyd Sabaudo,
Conte Grande*, 1927,
manifesto / poster
92 x 69 cm. Galleria
L'Image, Alassio

→ Giuseppe Riccobaldi,
*Lloyd Sabaudo,
i gloriosi quattro
conti*, 1928,
manifesto / poster
131 x 97 cm. Galleria
L'Image, Alassio

↑ C.A.P., *Lloyd
Sabaudo,
Mediterraneo
New York*, 1928,
brochure

↑ C.A.P., *Mediterraneo
New York, seconda
classe, Lloyd
Sabaudo*, 1929,
brochure

↑ C.A.P., *Mediterraneo
America Latina,
seconda classe,
Lloyd Sabaudo*, 1929,
brochure

→ Zanolio, *Lloyd
Sabaudo*, 1924,
manifesto / poster
100 x 70 cm. Galleria
L'Image, Alassio

LLOYD SABAUDO

COSULICH LINE
EXPRESS SERVICES TO NORTH & SOUTH AMERICA
M/S SATURNIA & VULCANIA

ARTI GRAFICHE S.D.MODIANO·TRIESTE

A. Dondoli, *Cosulich Line, Saturnia, Vulcania*, 1926, manifesto / poster 100 x 65 cm. Galleria L'Image, Alassio

A. Dondoli, *Cosulich Line, Espressi Nord e Sud America*, 1926, manifesto / poster 140 x 99 cm. Galleria L'Image, Alassio

→ Anonimo /
Anonymus,
*Saturnia e Vulcania,
la seconda classe e la
seconda economica*,
1927, brochure

→ Henry Heusser,
*Vulcania, Adriatic
Mediterranean
New York*, 1928,
brochure

→ Argio Orell,
*Cosulich Line,
Paquebots a moteurs
Saturnia Vulcania*,
1927, brochure

↑ Argio Orell, *Cosulich
Line, Trieste Nord
e Sud America*, 1927,
locandina / small
poster

→ Argio Orell, *Cosulich
Line Saturnia*, 1927,
brochure

→ Paolo Klodich,
*Cosulich Line,
motorvessel
Vulcania*, 1928,
brochure

→ Anonimo /
Anonymus, *Saturnia
Vulcania, the second
and intermediate
class*, 1927,
brochure

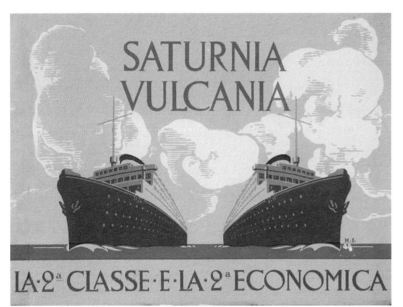

AI PORTI DEL SUD AMERICA
NELLA TERZA CLASSE DELLA MOTONAVE

"SATURNIA"

COSULICH LINE - TRIESTE

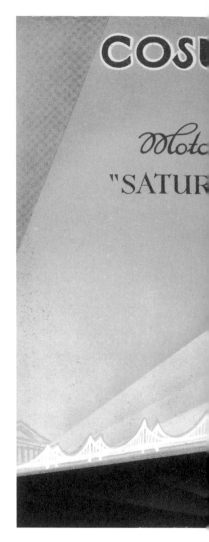

Paolo Klodich,
*Saturnia, Cosulich
Line*, 1928, locandina
/ small poster

↑ Giuseppe Riccobaldi,
*Cosulich Line,
motorvessels
Saturnia Vulcania*,
1928, brochure

↑ Anonimo / Anonymous,
*Cosulich Line, Italia Sud
America*, 1928, etichetta
per bagagli / baggage label

↑ Anonimo /
Anonymus,
*Orazio Virgilio,
le terze classi*, 1929,
brochure

← Giorgio Settala,
*Orazio Virgilio,
la prima e la seconda
classe*, 1930,
brochure

→ Boris, *Navigazione
Generale Italiana,
Orazio e Virgilio*,
1931, manifesto /
poster 100 x 70 cm.
Galleria L'Image,
Alassio

ARTI·GRAFICHE S.D. MODIANO·TRIESTE

← Diego Santambrogio,
Cosulich Line,
Espressi Nord
e Sud America, 1926,
manifesto / poster
152 x 112,5 cm

↓ Anonimo /
Anonymous,
New York
Méditerranée,
Navigazione
Generale Italiana,
1929, brochure

→ Filippo Romoli,
Cosulich Line,
Nord America,
Sud America, 1929,
locandina / small
poster

← Anonimo /
  Anonymus,
  *Lloyd Sabaudo,
  Conte di Savoia*,
  1929, brochure

↓ Giuseppe Riccobaldi,
  *Rex, regis nomen,
  navis omen*, 1929,
  brochure

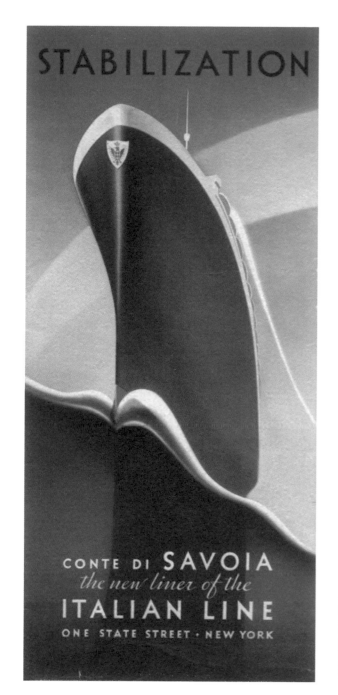

Giovanni Patrone,
*Rex e Conte
di Savoia*, 1932,
manifesto / poster
210 x 150 cm

Giovanni Patrone,
*Rex y Conte
di Savoia*, 1932,
manifesto / poster
99 x 61,5 cm

Giovanni Patrone,
*Rex & Conte di
Savoia, a wonderful
trip via riviera direct
to New York,* 1932,
manifesto / poster
99 x 61,5 cm. Galleria
L'Image, Alassio

↑ Fred J. Hoertz,
*Italian Line,
the Royal Family
of the Seas*, 1936,
brochure

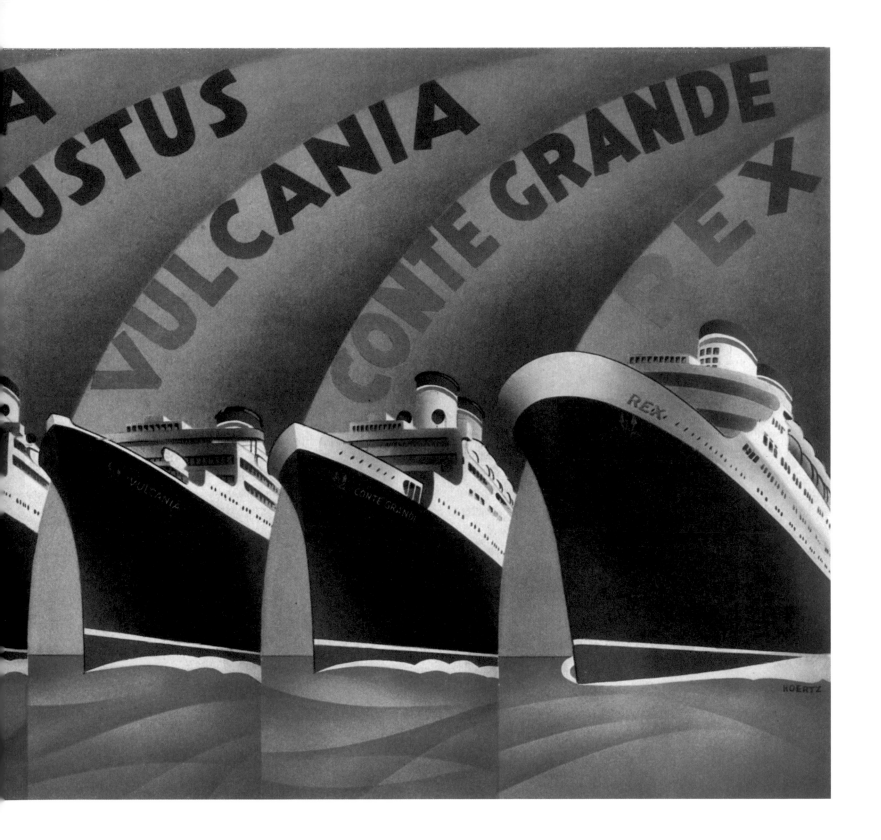

↓   Franz Lehnart,
Italia Flotte Riunite,
Conte di Savoia
la prima classe, 1932,
brochure

← Giovanni Patrone,
*Espressi Nord
America, Italia
Cosulich*, 1934,
manifesto / poster
99 x 69,8 cm.
Galleria L'Image,
Alassio

→ Renato Cenni,
*North America
Express, Italia
Cosulich*, 1935,
manifesto / poster
95 x 65 cm. Galleria
L'Image, Alassio

Paolo Klodich,
Italia Flotte Riunite,
S.S. Conte di Savoia,
1932, manifesto /
poster 70 x 100 cm

Paolo Klodich,
*Italia società di
navigazione,
S.S. Duilio*, 1932,
manifesto / poster
70 x 100 cm

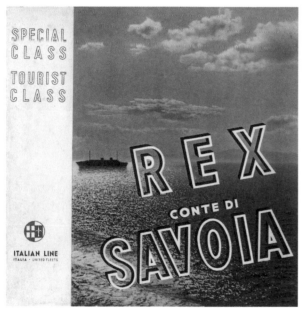

←   Giuseppe Riccobaldi,
*Neptunia Cosulich,
Europa Sud America in
7 giorni*, 1932, manifesto
/ poster 92 x 64 cm.
Galleria L'Image, Alassio

↑   Anonimo / Anonymus,
*Rex, Conte di Savoia,
Italia Flotte Riunite*, 1934,
brochure

↑   Anonimo / Anonymus,
*Rex, Conte di Savoia,
Special Class, Tourist
Class*, 1936, brochure

↑   Anonimo /
Anonymus,
*Cosulich Line,
Oceania, Europa Sud
America in 7 giorni*,
1933, brochure

EUROPA
SUD AMERICA

COSULICH
LINE

SUD AMERICA - EUROPA

OCEANIA
COSULICH LINE

← Anonimo / Anonymus, *Cosulich Line, Neptunia Oceania*, 1932, brochure

← Anonimo / Anonymus, *Oceania, Cosulich Line*, 1933, etichetta per bagagli / baggage label

↑ Antonio Quaiatti, *Neptunia la nave di moda, Europa Sud America*, 1932, brochure

↑ Paolo Klodich,
Neptunia Oceania,
1932, manifesto /
poster 62 x 70 cm

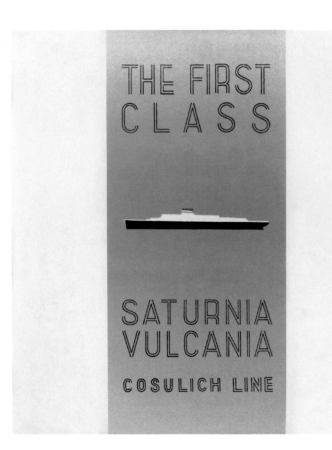

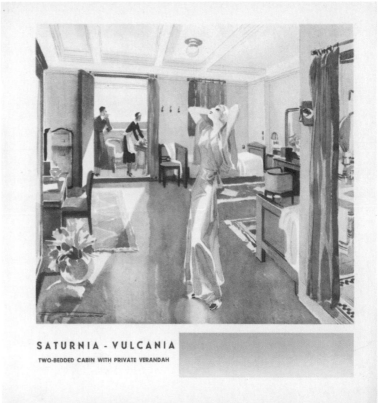

↑ Franz Lenhart,
Cosulich Line,
Saturnia Vulcania,
The First Class, Die
Erste Klasse, 1932,
brochure

SATURNIA - VULCANIA

THE BALL ROOM

SATURNIA

A PARTICULAR OF THE DINING SALOON

SATURNIA

THE SMOKING ROOM

SATURNIA - VULCANIA

ON THE SPORT DECK

113

↓   Anonimo /
      Anonymus,
      *Augustus, la seconda
      classe, Italia Flotte
      Riunite*, 1933,
      brochure

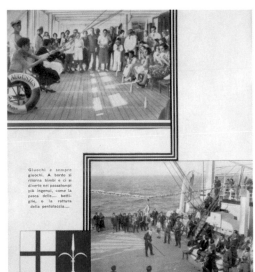

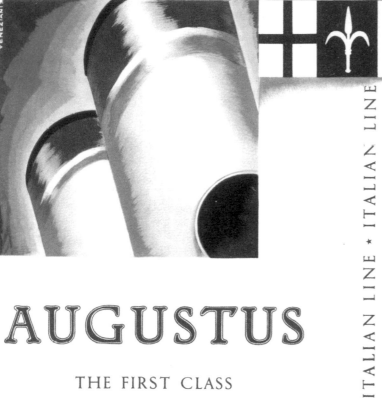

ITALIAN LINE ★ ITALIAN LINE

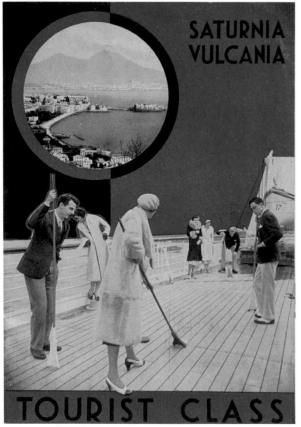

← Anonimo /
Anonymus,
*Saturnia Vulcania,
La Classe Touriste,*
1936, brochure

← Anonimo /
Anonymus,
*Cosulich, Saturnia
Vulcania, The First
Class,* 1933, brochure

↓ Anonimo /
Anonymus,
*Saturnia Vulcania,
Tourist Class,* 1936,
brochure

↓ Anonimo /
Anonymus,
*Saturnia Vulcania,
la terza classe,* 1936,
brochure

→ Anonimo /
Anonymus,
*Saturnia Vulcania,
la terza classe,
Cosulich S.T.N.,*
1932, brochure

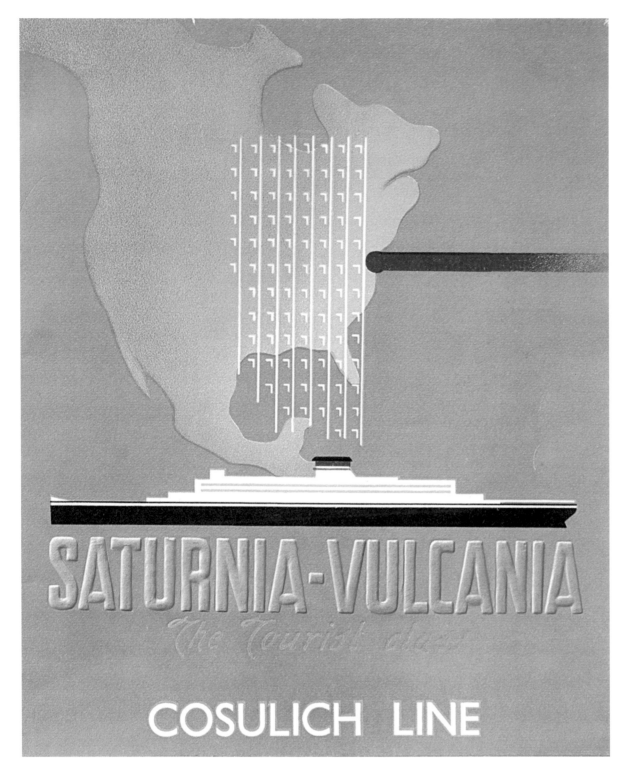

← Giovanni Patrone,
Saturnia Vulcania,
The Tourist Class,
Cosulich Line, 1932,
brochure

→ Filippo Romoli,
Mediterraneo New
York, la rotta del sole,
Saturnia Vulcania,
1933, brochure

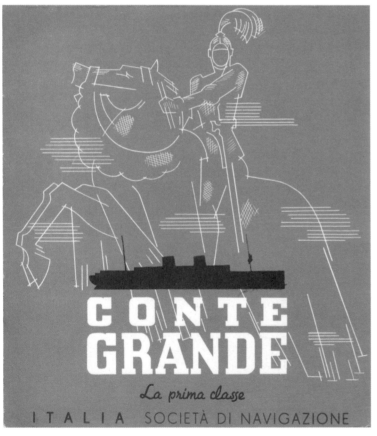

← Giovanni Patrone,
*Principessa
Giovanna,
Principessa Maria,
le terze classi,* 1936,
brochure

← Giovanni Patrone,
*Conte Biancamano,
la primera clase,*
1936, brochure

← Giovanni Patrone,
*Conte Grande,
la prima classe,*
1936, brochure

← Giovanni Patrone,
*Augustus,
La prima classe,*
1933, brochure

→ Anonimo /
Anonymus,
*Orazio Virgilio,
First Class,
Maditerranean
Central America
Pacific,* 1932,
brochure

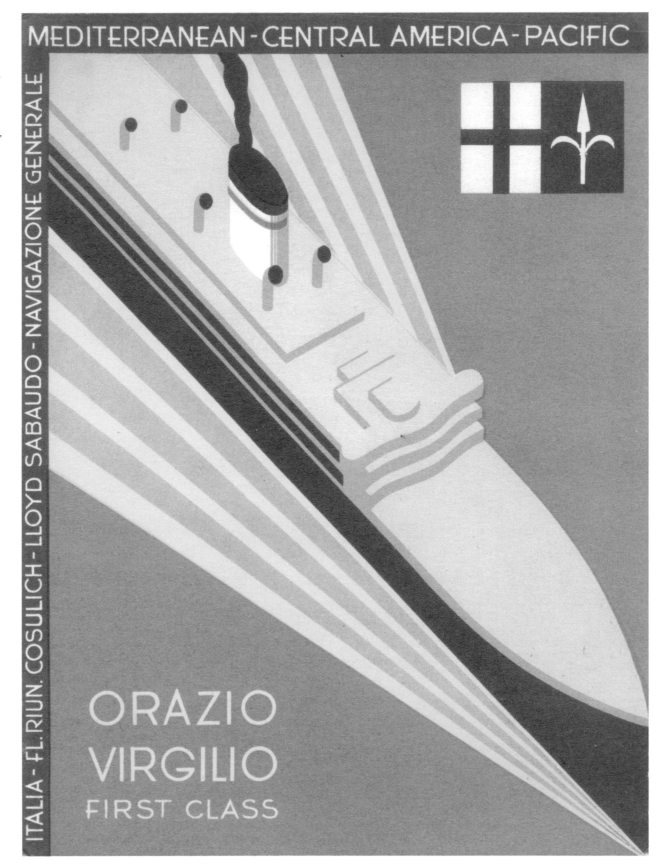

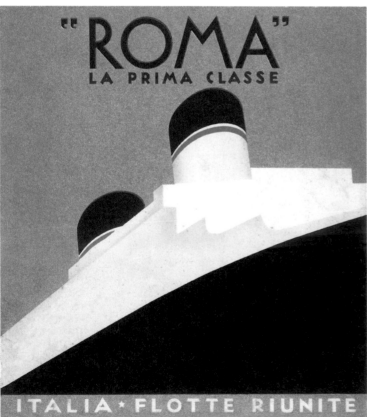

↑ Anonimo /
Anonymus,
*Conte Grande,
The First Class*,
1932, brochure

↑ Anonimo /
Anonymus,
*Roma, la prima
classe*, 1932,
brochure

↑ Anonimo /
Anonymus,
*Conte Biancamano,
seconda classe*,
1932, brochure

↑ Anonimo /
Anonymus,
*Conte Grande,
Deuxiéme Classe*,
1932, brochure

↑   Anonimo / Anonymus, *Conte Grande, la seconda classe*, 1935, brochure

↑   Anonimo / Anonymus, *Conte Grande, terza classe*, 1936, brochure

↑   Anonimo / Anonymus, *Conte Biancamano, la seconda classe*, 1935, brochure

↑   Anonimo / Anonymus, *Conte Biancamano, terza classe*, 1935, brochure

↑ Renato Cenni,
Zentral Amerika, Italia Vereinigte Flotten, 1936,
manifesto / poster 99,5 x 63 cm

← Renato Cenni, *Central America, Italian Line*, 1936,
manifesto / poster 99,5 x 63 cm. Galleria L'Image,
Alassio

→ Filippo Romoli,
Sud Amerika, Italia
Vereinigte Flotten,
1936, manifesto /
poster 99 x 69,5 cm.
Galleria L'Image,
Alassio

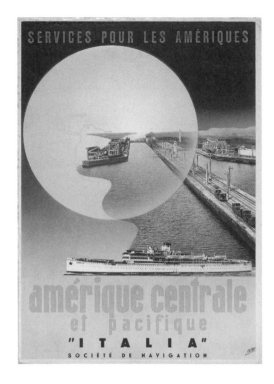

↑ Renato Cenni, *Amérique Centrale,
Italia Société de Navigation*, 1934,
brochure

↑ Renato Cenni, *Sud America,
Italia società di navigazione*, 1934,
brochure

↑ Renato Cenni, *Services to the
Americas, Italian Line*, 1934,
brochure

← Anonimo / Anonymus,
Servizi italiani per tutto il mondo,
1936, locandina / small poster

126

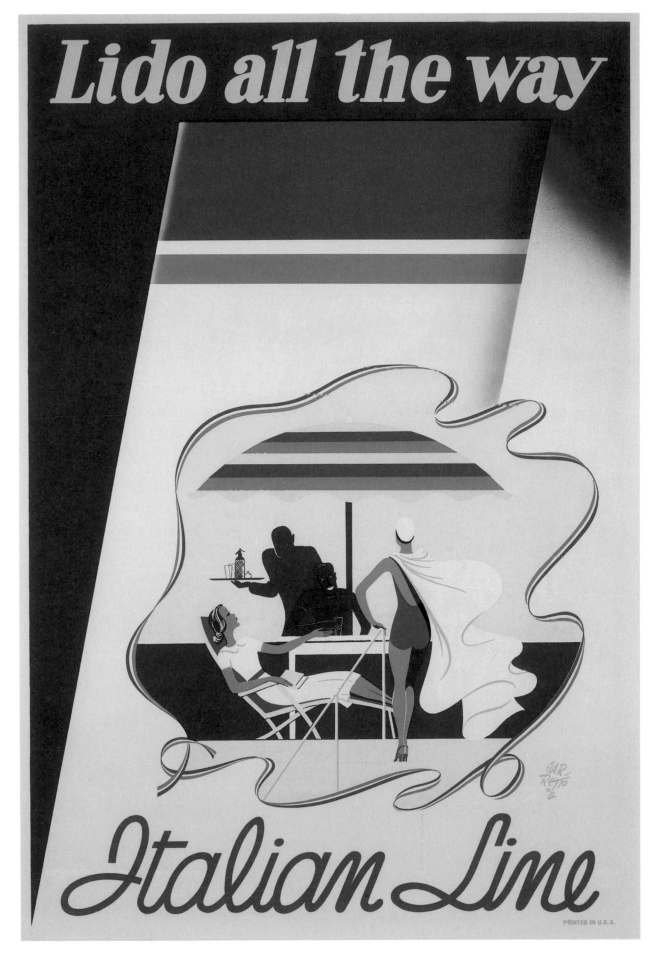

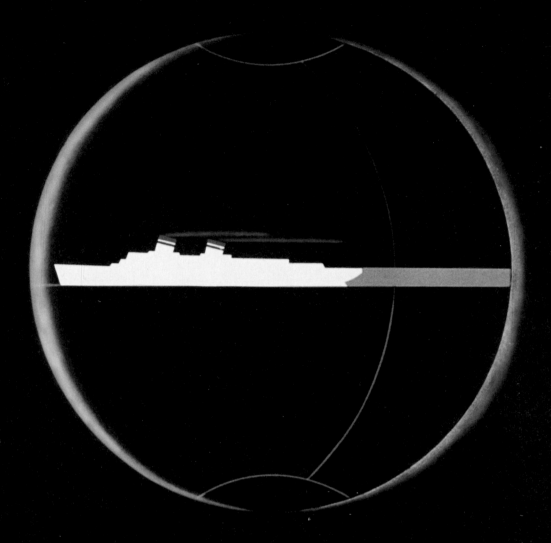

← Lucio Fontana,
*Servizi espressi per
tutto il mondo*, 1935,
manifesto / poster
97,5 x 63 cm. Galleria
L'Image, Alassio

→ Renato Cenni,
*La route du Sud,
route du soleil*, 1935,
manifesto / poster
94,5 x 62,6 cm.

↑ Anonimo / Anonymus, *Navigazione Libera Triestina*, 1937, brochure

↑ Anonimo / Anonymus, *Navigazione Libera Triestina*, 1934, brochure

↑ Paolo Klodich, *California, piroscafo a turbine*, 1930, brochure

↑ Anonimo /
   Anonymus,
   *Navigazione Libera
   Triestina, Sud Africa,
   Nord Pacifico,
   Messico, Congo,*
   1933, brochure

← Giuseppe Riccobaldi,
*Navigazione Libera
Triestina*, 1928,
manifesto / poster
99,3 x 69 cm.
Galleria L'Image,
Alassio.

↓ Giuseppe Riccobaldi,
*Barcelona, Genova,
Barcelona, Villain
& Fassio*, 1928,
manifesto / poster
100 x 140 cm.
Galleria L'Image,
Alassio.

In crociera nei mari incantati
Cruising in the Enchanted Seas

Crociere
Estate 1935

CROCIERE in MEDITERRANEO
INVERNO - PRIMAVERA 1927
COL PIROSCAFO DI LVSSO
"NEPTUNIA"
"SITMAR. = SOCIETÀ ITALIANA DI SERVIZI MARITTIMI =

← Luigi Martinati, *Crociere
in Mediterraneo, Neptunia,*
1927, manifesto / poster
68,4 x 49,3 cm.
Galleria L'Image, Alassio

↓ Luigi Martinati, *Crociera
nel Mediterraneo
occidentale, Neptunia,* 1927.
manifesto / poster
68,4 x 49,3 cm.
Galleria L'Image, Alassio

→ Tito Corbella, *SITMAR,
Crociere di lusso in
Mediterraneo,* 1927,
brochure

← Paolo Klodich, *Cosulich Line, Stella d'Italia*, 1927, manifesto / poster 99,5 x 70 cm. Galleria L'Image, Alassio

↑ Anonimo / Anonymus, *Stella d'Italia, Cosulich Line*, 1927, brochure

→ Anonimo / Anonymus, *Stella d'Italia, Cosulich Line*, 1927, brochure

Anonimo /
Anonymus,
*A glorious Christmas
cruise to the West
Indies, Lloyd
Sabaudo*, 1930,
brochure

→   Marcello Dudovich,
*Lloyd Sabaudo,
Mediterraneo*, 1930,
locandina / small
poster

←   Antonio Quaiatti,
*A Mediterranean
cruise, Cosulich
Line*, 1932,
locandina / small
poster

↑   Anonimo /
Anonymous,
*Crociere
Mediterranee, Lloyd
Sabaudo*, 1930,
etichetta per
bagagli / baggage
label

↑ Filippo Romoli,
*Crociere estive Conte
Verde, Crociera
adriatica*, 1932,
brochure

↑ Filippo Romoli,
*Crociere estive
Conte Verde, periplo
italico*, 1932,
brochure

↑ Filippo Romoli,
*Crociere estive Conte
Verde, Crociera
tirrena*, 1932,
brochure

← Filippo Romoli,
*M/N Oceania,
4 crociere nel
Mediterraneo*, 1933,
brochure

→ Marcello
Dudovich,
*Crociere estive
Conte Verde*,
1932,
manifesto /
poster
200 x 140 cm

← Fred J. Hoertz,
*S.S. Conte Grande,
32 days cruise to the
Mediterranean*, 1933,
locandina / small
poster

→ Filippo Romoli,
*Cruises to India,
Lloyd Triestino*,
1934, cartone /
cardboard
34 x 24 cm.
Galleria L'Image,
Alassio

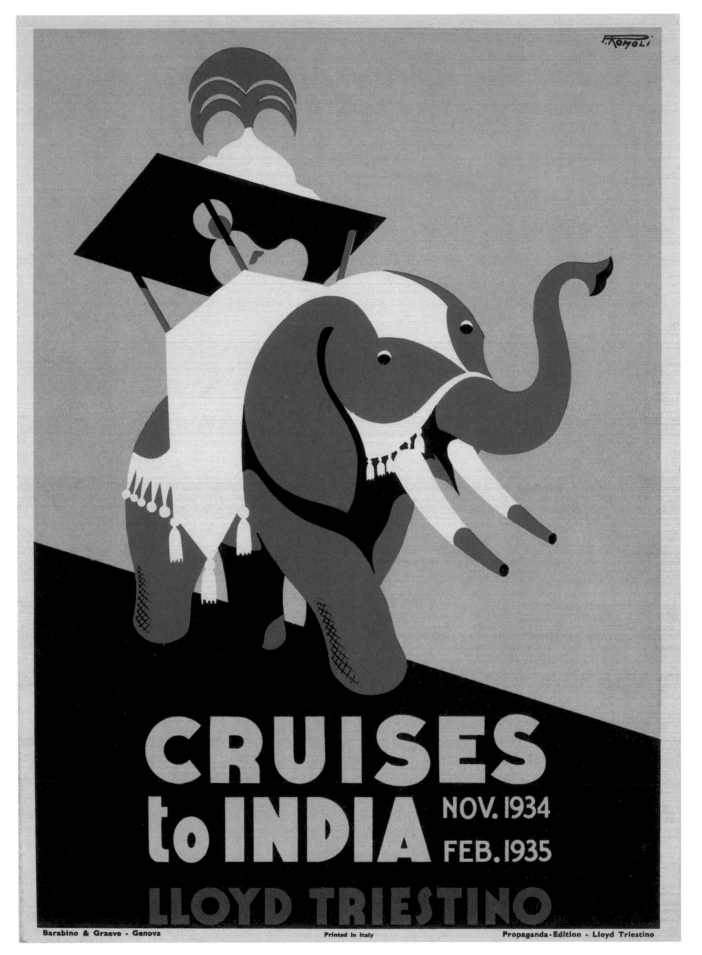

↓   Anonimo /
     Anonymus,
     *Crociera egea, M/N
     Augustus*, 1934,
     manifesto / poster
     100 x 65 cm

↓   Anonimo /
     Anonymus,
     *Giro del Mondo,
     M/N Augustus*, 1933,
     locandina / small poster

↓ Walter Roveroni,
*Opera Nazionale
Balilla, seconda
crociera
mediterranea*, 1928,
manifesto / poster
98 x 68,2 cm

↓ Virgilio Retrosi,
*O.N.D. Crociera del
Levante, motonave
Augustus*, 1937,
manifesto / poster
100 x 68 cm

← Gino Boccasile,
*Crociere Estate 1935,
Italia Cosulich*, 1935,
brochure

→ Franz Lenhart, *Estate
sul mare, Crociere
1934, Italia Cosulich*,
1934, brochure

→ Vittorio Accornero, *Crociere Primavera 1934, Italia Cosulich*, 1934, brochure

↓ Alberto Bianchi, *Vergnügungsreisen, Italia Cosulich*, 1934, manifesto / poster 100,4 x 69,4 cm

↑ Alberto Bianchi, *Croisières, Italia Cosulich*, 1934, manifesto / poster 94,8 x 62,7 cm. Galleria L'Image, Alassio

Gino Boccasile,
*Crociere e viaggi nel
Mediterraneo, Italia
Cosulich*, 1935,
manifesto / poster
100 x 70 cm

Anonimo /
Anonymus
*Croisières en
Méditerranée,
Italian Line*, 1936,
brochure

Anonimo /
Anonymus, *Lido
Mediterranean
Cruises, Italian Line*,
1938, manifesto /
poster 91 x 61 cm.
Galleria L'Image,
Alassio

Marcello Dudovich,
Croisières,
Italia société de
navigation, 1936,
manifesto / poster
100 x 70 cm

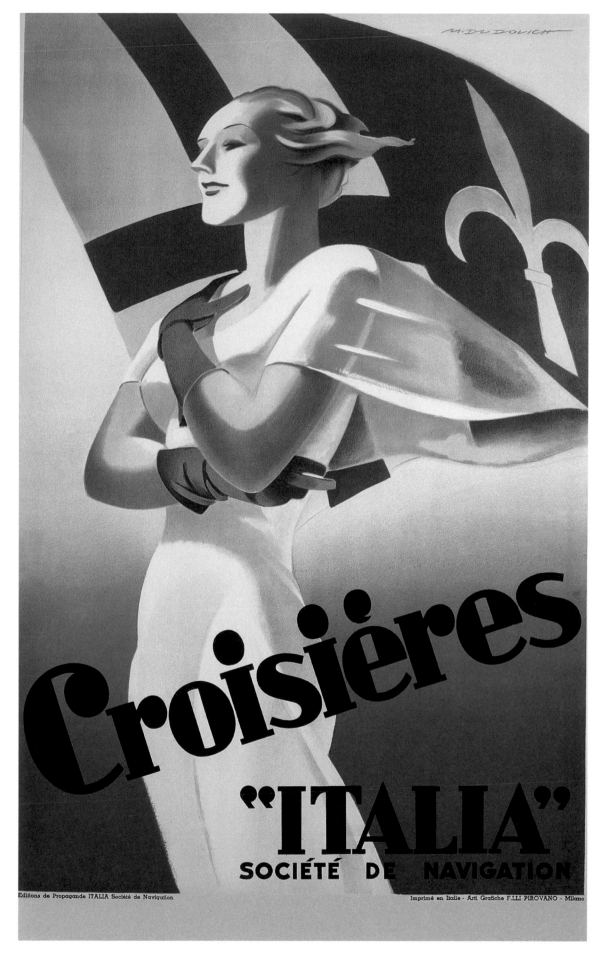

Oltre il Mediterraneo, Asia, Africa e Australia
Beyond the Mediterranean, Asia, Africa and Australia

← Argio Orell, *Società di navigazione a vapore del Lloyd Triestino*, 1923, manifesto / poster 140 x 100 cm

↑ Giovanni Giordani, *Lloyd Triestino, società di navigazione a vapore*, 1923, brochure

← Giovanni Giordani, *Lloyd Triestino, India and Eastern Asia*, 1922, brochure

Aurelio Craffonara,
*Servizio rapido
di lusso Italia
Costantinopoli*, 1926,
manifesto / poster
70 x 50,5 cm

→ Aurelio Craffonara,
*Servizio rapido
di lusso Italia Egitto*,
1927, manifesto /
poster 70 x 50,5 cm.
Galleria L'Image,
Alassio

← Anonimo /
Anonymus, *Zwei
Mittelmeerfahrten,
Gange, Lloyd
Triestino*, 1929,
manifesto / poster
98,5 x 67 cm. Galleria
L'Image, Alassio

Marcello Nizzoli,
*Lloyd Triestino,
Express Service
to Egypt*, 1929,
manifesto / poster
62 x 48,2 cm. Galleria
L'Image, Alassio

Marcello Nizzoli, *Eillinie
nach Indien*, 1929, manifesto
/ poster 68,8 x 49,7 cm.
Galleria L'Image, Alassio

Aurelio Craffonara,
*Lloyd Sabaudo,
partenze per
l'Australia, vapore
Regina d'Italia*, 1925,
manifesto / poster
70 x 50,5 cm. Galleria
L'Image, Alassio

Anonimo /
Anonymus, *Lloyd
Sabaudo to Australia,
Esquilino, Remo*, 1929,
locandina / small poster
49,5 x 34 cm. Galleria
L'Image, Alassio

↓ Giovanni Patrone,
*Mediterraneo
Australia, Romolo,
Remo, Esquilino,
Viminale*, 1930,
brochure

↓ Giovanni Patrone,
*Australia, Italian
Line*, 1932, brochure

→ Giuseppe Riccobaldi,
*Lloyd Triestino
to Europe*, 1929,
manifesto / poster
99 x 68,7 cm.
Galleria L'Image,
Alassio

Giuseppe Riccobaldi,
*M/N Victoria, Lloyd
Triestino*, 1930,
brochure

Giuseppe Riccobaldi,
*M/N Victoria, ponte
dei giuochi*, 1930,
brochure

Giuseppe Riccobaldi,
*M/S Victoria, Luxus
Express Europa
Ägypten*, 1930,
manifesto / poster
119,4 x 90,5 cm.
Galleria L'Image,
Alassio

Giuseppe Riccobaldi,
*Lloyd Triestino,
woechentliche
eillinie von Triest
nach Aegypten*,
1929, manifesto /
poster 100 x 63,5 cm.
Galleria L'Image,
Alassio

→ Giuseppe Riccobaldi,
*M/S Victoria,
Luxus Express
Europa Ägypten*,
1930, manifesto /
poster 119,5 x 90 cm.
Galleria L'Image,
Alassio

Anonimo /
Anonymus,
*Vergnügungsfahrten
im Mittelmeer*, 1932,
bochure

Anonimo /
Anonymus,
*Vergnügungsfahrten
im Mittelmeer*, 1932,
bochure

Antonio Quaiatti,
*Lloyd Triestino,
Egitto, India, Cina*,
1932, brochure

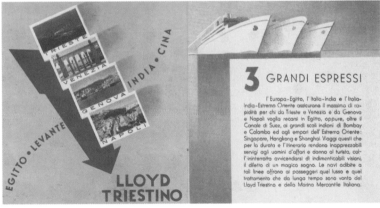

↑ Antonio Quaiatti,
*Lloyd Triestino,
Egitto, India, Cina*,
1932, locandina /
small poster

↑ Anonimo /
Anonymus, *Lloyd
Triestino*, 1932,
brochure

↑ Anonimo /
Anonymus, *Lloyd
Triestino, tre grandi
espressi*, 1932,
brochure

↑ Giovanni Patrone,
*Lloyd Triestino,
Egitto, India, Cina*,
1934, locandina /
small poster

← Giovanni Patrone,
*Lloyd Triestino,
Conte Rosso*, 1938,
brochure

← Giovanni Patrone,
*Lloyd Triestino,
Conte Verde*, 1938,
brochure

↓ Anonimo /
Anonymus, *Lloyd
Triestino Conte
Rosso, ponte lido*,
1938, brochure

→ Anonimo /
Anonymus, *Lloyd
Triestino, Conte
Biancamano, Italia
India Estremo
Oriente*, 1938,
brochure

← Marcello Dudovich,
*Lloyd Triestino
Flotte Riunite,
Espresso Italia
Bombay Shanghai,*
1934, manifesto /
poster 99 x 69,5 cm.
Galleria L'Image,
Alassio

↑ Marcello Dudovich,
*Lloyd Triestino,
Espresso Italia
Bombay Shanghai,*
1934, manifesto /
poster 97 x 65 cm

↑ Marcello Dudovich,
*Lloyd Triestino,
Expressdienst
Italien China,* 1934,
manifesto / poster
97 x 65 cm

Antonio Quaiatti,
*Lloyd Triestino,
Indien-Ostasien,*
1936, brochure

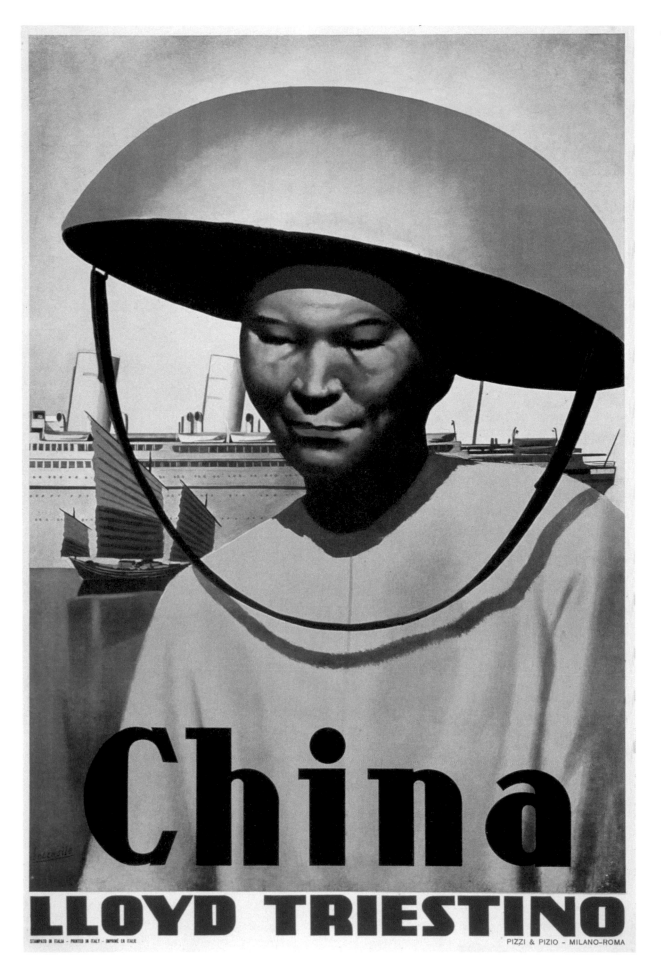

Gino Boccasile,
*China, Lloyd
Triestino*, 1937,
manifesto / poster
95,5 x 62,5 cm

Renato Cenni,
*Asia Africa
Australia, Lloyd
Triestino*, 1932,
manifesto / poster
95 x 63 cm. Galleria
L'Image, Alassio

← Antonio Quaiatti, *Marco Polo, Lloyd Triestino, Europe Egypt*, 1938, brochure

Giovanni Patrone,
*Süd Afrika
expressdienst, Italian
Line*, 1934, manifesto
/ poster 100 x 70 cm.
Galleria L'Image,
Alassio

Anonimo /
Anonymus, *Duilio,
Giulio Cesare,
Espresso Sud Africa,
Italia Flotte Riunite,*
1932, brochure

Anonimo /
Anonymus, *South
Africa Europe
Express, Italian line,*
1934, brochure

→
Giovanni Patrone,
*Express Afrique
du Sud, Duilio et
Giulio Cesare*, 1935,
manifesto / poster
94 x 63 cm

↓ Renato Cenni, *Asia Africa Australia, Lloyd Triestino*, 1932, locandina / small poster

↓ Anonimo / Anonymus, *Lloyd Triestino, Servizi per l'Impero*, 1938, locandina / small poster

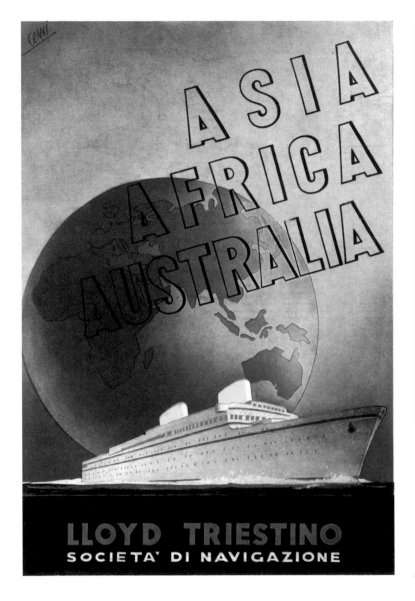

LLOYD
TRIESTINO

Lloyd Triestino

AFRICA ORIENTALE ITALIANA

A.O.I.

LLOYD TRIESTINO   LLOYD
TRIESTINO

AFRICA ORIENTALE ITALIANA

A O I

EAST AFRICA
THE BEST ROUTE
VIA ITALY
EGYPT
SUDAN

LONDON
TO
GENOA
22 HOURS
BY RAIL

TIRRENIA LINE

ITALIA
EGITTO
PER LA COSTA DELLE PALME

TIRRENIA

Gino Boccasile,
*Australia, Lloyd
Triestino*, 1937,
manifesto / poster
100 x 69,5 cm

Marcello Nizzoli,
*Lloyd Triestino Flotte Riunite,
Grecia, Turchia, Levante,* 1933,
manifesto / poster
100 x 70 cm

← Filippo Romoli,
*Adriatica
Venezia, Levante
Mediterraneo*, 1937,
manifesto / poster
100 x 70 cm

→ Renato Cenni,
*Adriatica Venice,
Mediterranean
Levant*, 1937,
manifesto / poster
101 x 64 cm

↓ Anonimo /
Anonymus,
*Napoli Siracusa
Malta Tripoli,
Tirrenia Flotte
Riunite*, 1934,
brochure

↓ Anonimo /
Anonymus, *Napoli
Palermo Tunisi,
Tirrenia Flotte
Riunite*, 1935,
brochure

L'ultima stagione dei transatlantici
The Last Season of the Ocean Liners

CRUISE
TO
AFRICA

Giovanni Patrone,
*Tirrenia società di
navigazione*, 1948

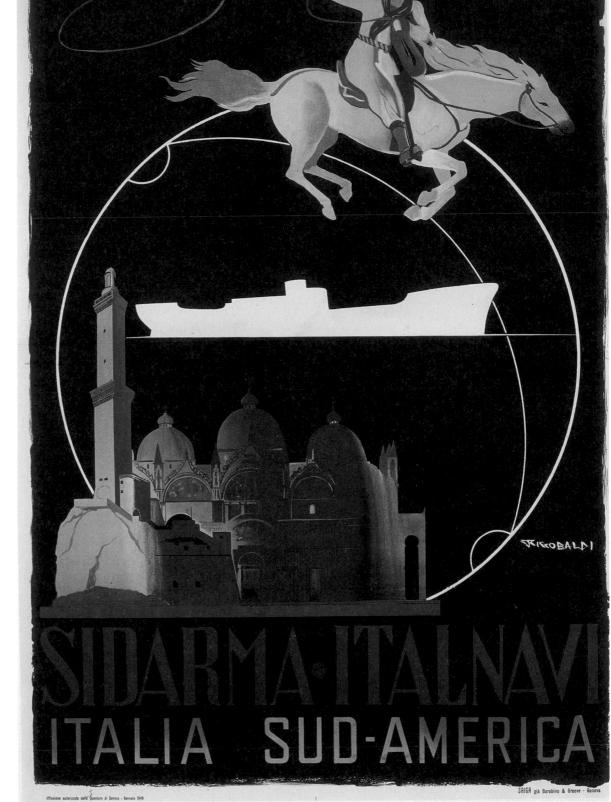

← Giuseppe Riccobaldi,
*SIDARMA, Italia
Centro America*,
1949, manifesto /
poster 100 x 69 cm.
Galleria L'Image,
Alassio

↑ Anonimo /
Anonymus,
*SIDARMA Italnavi,
M/N Sises*, 1948,
brochure

→ Giuseppe Riccobaldi,
*SIDARMA, Italia
Sud America*, 1949,
manifesto / poster
100 x 69,5 cm.
Galleria L'Image,
Alassio

Giovanni Patrone,
*Centro America Sud
Pacifico, Italia società
di navigazione*, 1948,
manifesto / poster
99 x 65 cm.
Galleria L'Image,
Alassio

Giovanni Patrone,
*Italia società di
navigazione*, 1948,
manifesto / poster
100 x 70 cm.
Galleria L'Image,
Alassio

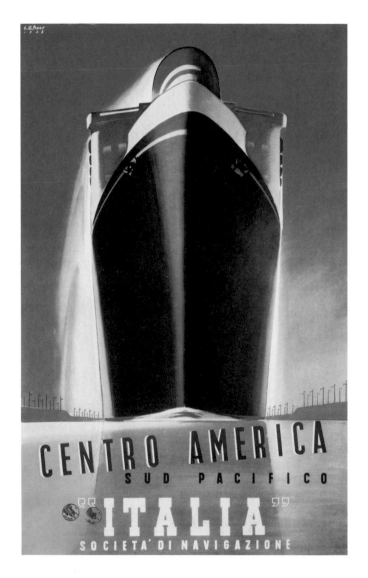

↓   Gabriele D'Alma,
*Italia Sud America
Australia Levante,
Flotta Lauro*, 1949,
manifesto / poster
95 x 50 cm

↓   Franco Castelli,
*Flotta Lauro, servizi
celeri di lusso
passeggeri e merci,*
1952, manifesto /
poster 69,5 x 50 cm.
Galleria L'Image,
Alassio

203

↓ Alda Sassi, *Central America, Italian Line*, 1958. manifesto / poster 99 x 62,4 cm . Galleria L'Image, Alassio

↓ Alda Sassi, *Central America, Italian Line*, 1958, manifesto / poster 97,8 x 60,5 cm. Galleria L'Image, Alassio

II CLASSE
m/n ANNA C.
LINEA
m/n ANDREA C.
CLASSE TURISTICA

EUROPA
BRASIL
ARGENTINA
URUGUAY
ARGENTINA
EUROPA

LINEA

EUROPA
VENEZUELA
ANTILLE

Viaggiate in
LINEA
classe Turistica

M/N FRANCA C. VENEZUELA ED ANTILLE

← Anonimo /
Anonymus, *Linea C.,
M/N Anna C., M/N
Andrea C.*, 1948,
brochure

← Rudolf Claudus,
*Linea C., Europa
Venezuela Antille*,
1950, brochure

← Anonimo /
Anonymus, *Linea
C., M/N Franca C.,
Venezuela ed Antille*,
1951, brochure

↓ Rudolf Claudus,
*Sud America, Centro
America, Linea C.*,
1950, manifesto /
poster
99,6 x 61,8 cm.
Galleria L'Image,
Alassio

Rudolf Claudus, *Federico
C. America do
Sul Europa, Linea C.*,
1958, manifesto / poster
100 x 70 cm

Anonimo / Anonymus,
*Federico C., Europa
Sud America Europa*,
1958, brochure

Anonimo / Anonymus,
*Bianca C. viaggio
inaugurale Italia
Venezuela*, 1959,
manifesto / poster
100 x 70 cm

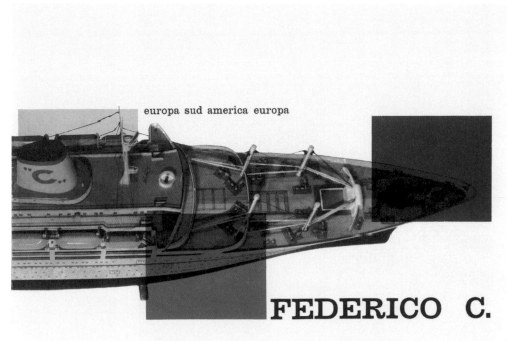

↓ Dario Bernazzoli,
*Home Lines, Italia
Sud America*, 1949,
manifesto / poster
100 x 70 cm

↓ Dario Bernazzoli,
*Home Lines,
Mediterranean
New York*, 1950,
manifesto / poster
100 x 70 cm

→ Mario Puppo, *M/S
Italia, Home Lines*,
1952, manifesto /
poster
84 x 60 cm.
Galleria L'Image,
Alassio

→ Astor (Arturo Storace), *Home Lines, S.S. Atlantic*, 1952, brochure

→ Astor (Arturo Storace), *Home Lines, M.S. Italia*, 1952, brochure

↑ Astor (Arturo Storace), *Home Lines, S.S. Homeland, S.S. Argentina*, 1952, manifesto / poster 100 x 70 cm

→ Anonimo / Anonymus, *Home Lines*, 1950, etichetta per bagagli / baggage label

Filippo Romoli
*Home Lines,
croisiere de Noel*,
1950, manifesto /
poster
99,8 x 62 cm.
Galleria L'Image,
Alassio

Astor (Arturo
Storace), *Home
Lines, ogni
viaggio una
crociera*, 1951,
manifesto /
poster
100 x 70 cm.
Galleria L'Image,
Alassio

Anonimo /
Anonymus,
*Home Lines,
Argentina, Brasil*,
1949, brochure

Anonimo /
Anonymus,
*Home Lines,
Argentina, Brasil*,
1949, brochure

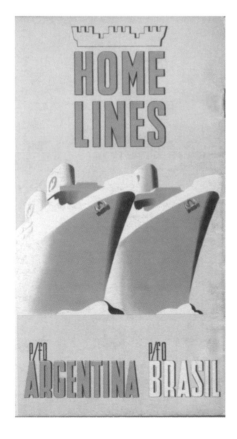

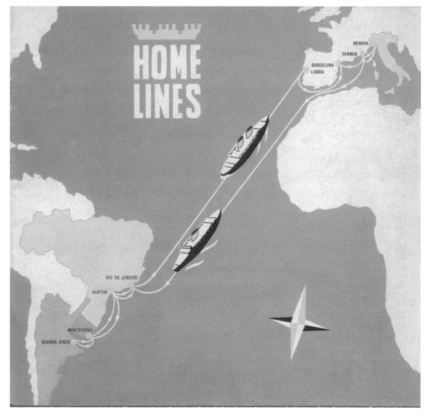

→   Anonimo /
     Anonymus,
     Lucania, Fratelli
     Grimaldi, 1953,
     brochure

↑   Grabrile D'Alma,
     Transatlantico
     Auriga, Fratelli
     Grimaldi, 1950,
     manifesto / poster
     100 x 70 cm

→   Rikter, *S/S Auriga,*
     Fratelli Grimaldi,
     1951, manifesto /
     poster
     100 x 70 cm

→   Giovanni Patrone,
     M/N Leme,
     Italia società di
     navigazione, 1948,
     brochure

→   Giovanni Patrone,
     Conte Grande,
     Conte Biancamano,
     Italia società di
     navigazione, 1950,
     brochure

→   Giovanni Patrone,
     San Giorgio,
     Italia società di
     navigazione, 1948 ,
     brochure

→   Giovanni Patrone,
     Saturnia, Vulcania,
     Italia società di
     navigazione, 1950,
     brochure

M/N **LEME**

"ITALIA" SOC. DI NAVIGAZIONE

"SAN GIORGIO"

"ITALIA"
SOCIETÀ DI NAVIGAZIONE • GENOVA

"CONTE GRANDE" "CONTE BIANCAMANO"

DALL' ITALIA AL SUD AMERICA
tutti i conforti nelle tre classi
"ITALIA" SOCIETA' DI NAVIGAZIONE • GENOVA

"SATURNIA" ★ "VULCANIA"

DALL' EUROPA AL NORD AMERICA
sulla "Rotta del sole"
"ITALIA" SOCIETÀ DI NAVIGAZIONE - GENOVA

Giovanni Patrone,
*Linee italiane per
tutto il mondo*, 1949,
manifesto / poster
98,5 x 63,3 cm.
Galleria L'Image,
Alassio

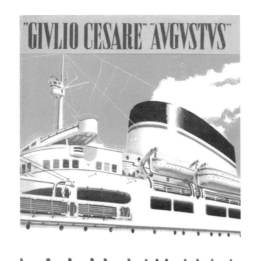

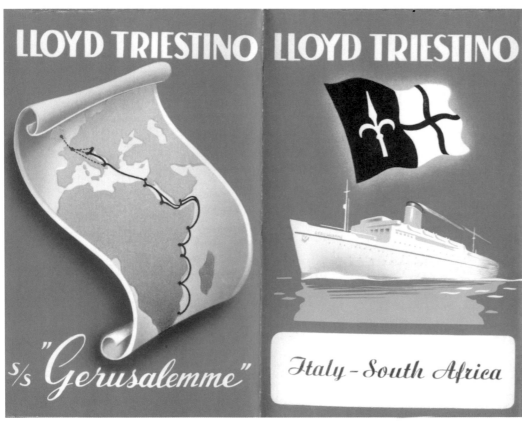

↑ Giovanni Patrone,
Giulio Cesare,
Augustus,
Italia società di
navigazione, 1951,
brochure

↑ Anonimo /
Anonymus, *Lloyd*
Triestino, 3 nuove
unità per l'Australia,
1949, brochure

↑ Anonimo /
Anonymus,
Australia, Oceania,
Neptunia, 1950,
brochure

← Anonimo /
Anonymus, *Lloyd*
Triestino, S/S
Gerusalemme, 1950,
brochure

"GIULIO CESARE,,
"AUGUSTUS,,

↑ Enrico Ciuti, *Andrea Doria, Cristoforo Colombo, Italia società di navigazione*, 1954, brochure

↑ Anonimo / Anonymus, Giulio Cesare, *Augustus, Italia società di navigazione*, 1951, brochure

→ Giovanni Patrone, *Andrea Doria, Italia società di navigazione*, 1953, brochure

←   Giovanni Patrone,
    *Conte Biancamano,
    la prima classe*, 1949,
    brochure

←   Giovanni Patrone,
    *Conte Grande,
    la prima classe*, 1949,
    brochure

←   Giovanni Patrone,
    *Conte Biancamano,
    la prima classe*, 1950,
    brochure

←   Giovanni Patrone,
    *Conte Grande,
    la prima classe*, 1950,
    brochure

←   Giovanni Patrone,
    *Conte Biancamano,
    la classe cabina*,
    1949, brochure

←   Giovanni Patrone,
    *Conte Grande,
    la seconda classe*,
    1949, brochure

↑   Alda Sassi, *Italian
    Line*, 1950
    manifesto / poster
    98 x 62 cm

↑   Dario Bernazzoli,
    *Nord Centro
    Sud America,
    Italia società di
    navigazione*, 1950,
    manifesto / poster
    97,5 x 62 cm.
    Galleria L'Image,
    Alassio

↓ Dario Bernazzoli,
*North Central South
America*, 1955,
manifesto / poster
98 x 62 cm

↓ Dario Bernazzoli,
*Italian lines
throughout the
World*, 1955,
manifesto / poster
98 x 62 cm

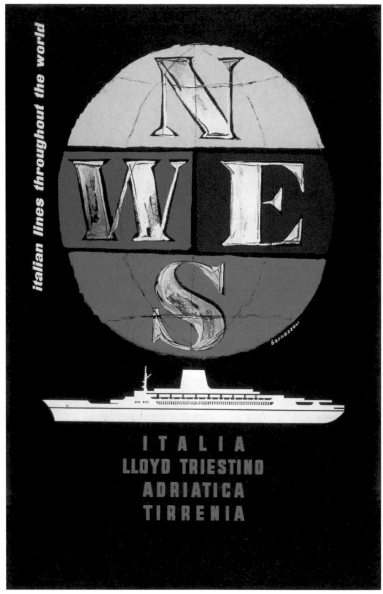

↓ Dario Bernazzoli,
   *Italian lines
   throughout the
   World*, 1955,
   manifesto / poster
   98 x 62 cm

↓ Dario Bernazzoli,
   *Italian lines
   throughout the
   World*, 1955,
   manifesto / poster
   98 x 62 cm

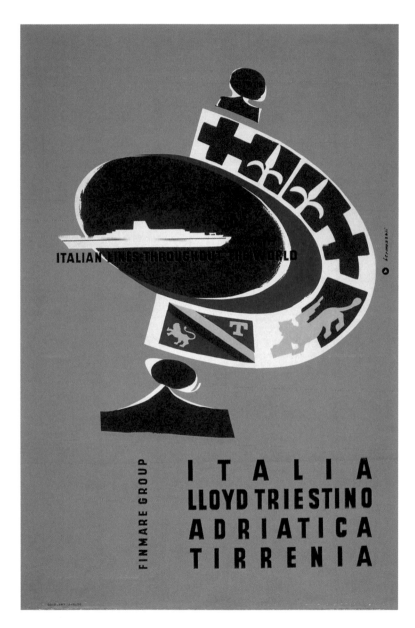

↓ Angelo Battistella,
*Travel to Europe
via Italy by Lloyd
Triestino*, 1950,
manifesto / poster
100 x 70 cm

↓ Anonimo /
Anonymus,
*Australia, Oceania,
Neptunia, Lloyd
Triestino*, 1950,
manifesto / poster
100 x 70 cm

→ Anonimo /
Anonymus,
*Africa, Europa,
Lloyd Triestino*, 1951,
manifesto / poster
100 x 70 cm

↓ Angelo Battistella,
*Lloyd Triestino, Italy
South Africa*, 1954,
manifesto / poster
100 x 70 cm

↓ Angelo Battistella,
*Lloyd Triestino, Italy
South Africa*, 1958,
manifesto / poster
100 x 70 cm

↓ Angelo Battistella,
Lloyd Triestino,
Cruise to Africa, 1959,
manifesto / poster
100 x 70 cm

↓ Angelo Battistella,
Lloyd Triestino, linea
Italia Australia, 1962,
manifesto / poster
100 x 70 cm

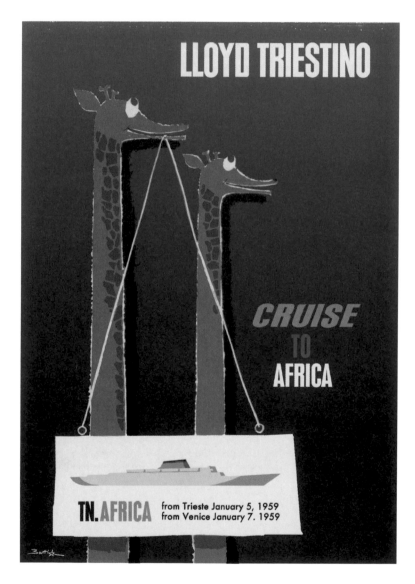

↓ Dario Bernazzoli,
*Italian line, North
Central South
America*, 1960,
manifesto / poster
100 x 70 cm

↓ Dario Bernazzoli,
*Italian lines
throughout the
World*, 1958,
manifesto / poster
100 x 70 cm

↓ Dario Bernazzoli,
*Italian line, North
South and Central
America*, 1959,
manifesto / poster
100 x 70 cm

→ Angelo Battistella,
*Adriatica, linea celeri
Italia, Grecia, Turchia,
Cipro, Israele*, 1953,
manifesto / poster
100 x 70 cm

→ Angelo Battistella,
*Adriatica, Italia, Grecia,
Turchia, Cipro, Israele*,
1959, manifesto / poster
100 x 70 cm

→ Angelo Battistella,
*Adriatica, Italia, Grecia,
Turchia, Cipro, Israele*,
1951, manifesto / poster
100 x 70 cm

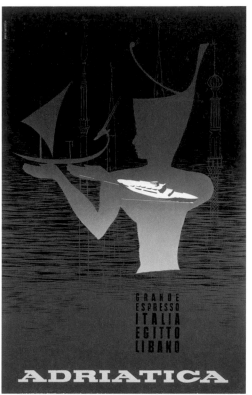

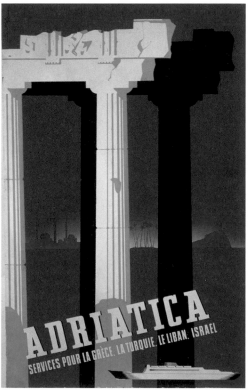

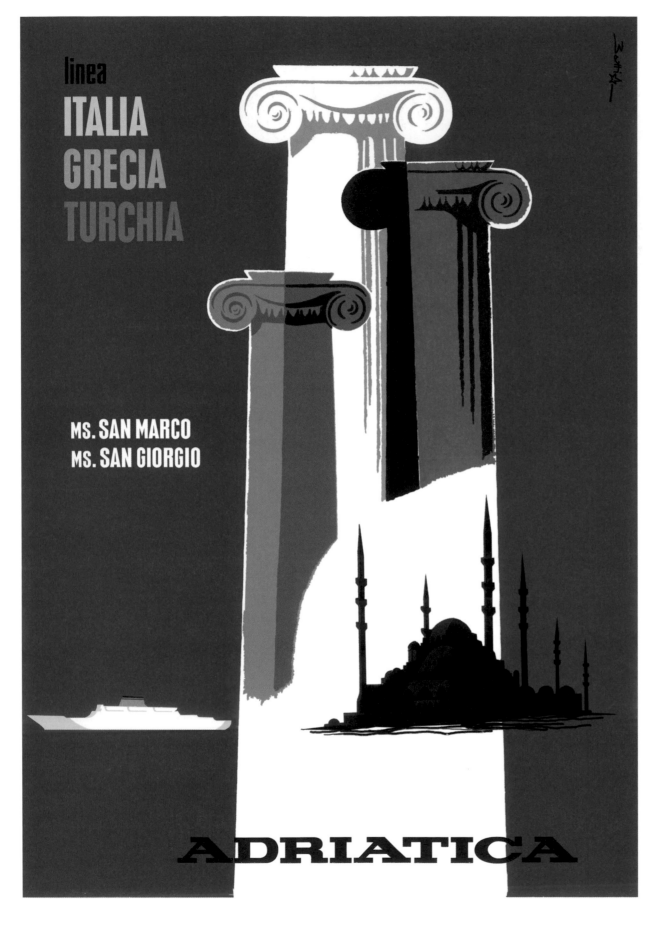

← Angelo Battistella,
*Adriatica, Italia,
Grecia, Turchia*, 1951,
manifesto / poster
100 x 70 cm

→ Angelo Battistella,
*Venez en Italie par
l'Adriatica*, 1952,
manifesto / poster
100 x 70 cm

→ Angelo Battistella,
*Adriatica, grand
express Europe
Egypte*, 1952,
manifesto / poster
100 x 70 cm

→ Angelo Battistella,
*Adriatica, Linea
Italia, Grecia,
Cipro, Israele*, 1953,
manifesto / poster
100 x 70 cm

→ Angelo Battistella,
*Adriatica, grande
espresso Italia,
Egitto, Libano*, 1958,
manifesto / poster
100 x 70 cm

← Angelo Battistella,
Lloyd Triestino,
linea espresso Italia
Sud Africa, 1951,
manifesto / poster
68 x 48 cm

↓ Angelo Battistella,
*Adriatica, grande
espresso Italia,
Egitto, Libano*, 1958,
manifesto / poster
68 x 48 cm

↓ Angelo Battistella,
*Adriatica, croisiéres
d'hiver pour
l'Egypte*, 1965,
manifesto / poster
68 x 48 cm

↓ Angelo Battistella,
*Adriatica, grande
espresso Italia,
Egitto, Libano*, 1953,
manifesto / poster
68 x 48 cm

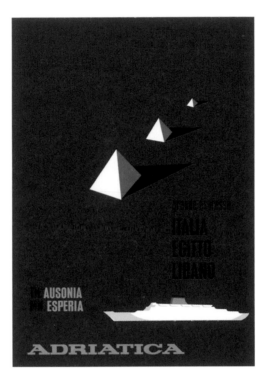

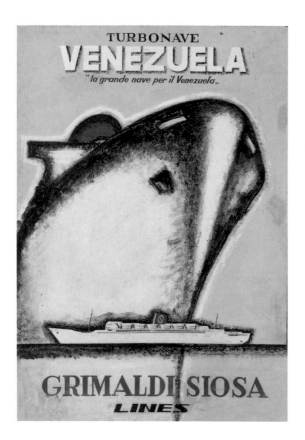

← Anonimo /
Anonymus,
*Turbonave
Venezuela, Grimaldi
SIOSA Lines*, 1960,
brochure

← Anonimo /
Anonymus,
*Turbovessel
Venezuela, Sicula
Oceanica*, 1958,
brochure

← Giovanni Patrone,
*Maiden voyage T/V
Leonardo da Vinci*,
1960, brochure

→ Giovanni Patrone,
*Leonardo da Vinci,
Italia navigazione*,
1960, brochure

→ Anonimo /
Anonymus,
*Michelangelo
& Raffaello*, 1965,
brochure

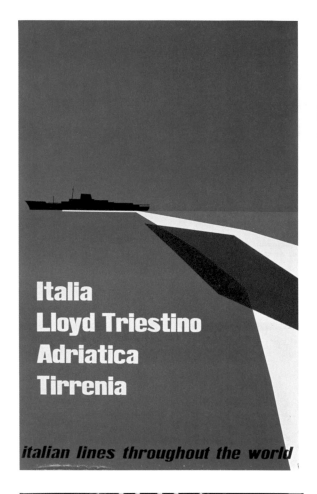

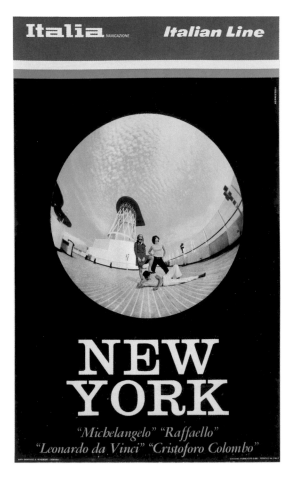

← Marco Biassoni,
*Italian lines
throughout the
World*, 1957,
manifesto / poster
99 x 62 cm

← Anna Barboni,
*North South Central
America, Italian
Line*, 1957,
manifesto / poster
98,5 x 62 cm

↓ Dario Bernazzoli,
Italia Navigazione,
1968,
manifesto / poster
97,5 x 62,8 cm

↓ Dario Bernazzoli,
*New York,
Michelangelo,
Raffaello, Leonardo
da Vinci, Cristoforo
Colombo*, 1968,
manifesto / poster
98 x 63 cm

RINGRAZIAMENTI

L'autore ringrazia:

Angelo Battistella, Trieste, per aver segnalato e fornito i disegni dei manifesti delle società Adriatica e Lloyd Triestino da lui disegnati negli anni cinquanta e sessanta.

Alessandro Bellenda, collezionista ed esperto, per aver generosamente fornito materiale iconografico dalla sua importante collezione di manifesti storici.

Alberto Bisagno e Marina Orengo, Genova, per la consueta generosità e cortesia nell'aiuto alla ricerca.

I fotografi Marietto Parodi e Marco Maria Pasqualini.

Matteo Fochessati e Gianni Franzone curatori della Wolfsoniana - Fondazione Regionale Cultura e Spettacolo, Genova, per l'assistenza nella ricerca iconografica.

Beppe Veruggio e l'agenzia Firma di Genova per aver concesso la riproduzione dei manifesti dell'archivio storico dello Studio Firma.

E infine l'amico Maurizio Eliseo per l'infinita pazienza e generosità nel concedere i materiali del suo archivio e per condividere con me la stessa passione.

ACKNOWLEDGEMENTS

The author would like to thank:

Angelo Battistella, Trieste, for drawing my attention to and providing me with the designs for the Adriatica and Lloyd Triestino posters drawn by him in the nineteen-fifties and sixties.

Alessandro Bellenda, collector and expert, for having generously supplied images from his important collection of historical posters.

Alberto Bisagno and Marina Orengo, Genova, for their customary generosity and courteous research assistance.

The photographers Marietto Maria Parodi and Marco Pasqualini.

Matteo Fochessati and Gianni Franzone, curators at the Wolfsoniana Museum - Fondazione Regionale Cultura e Spettacolo, Genoa, for their assistance in my image research.

Beppe Veruggio and the Firma agency in Genoa for having given their permission to reproduce the posters in the Studio Firma's historical archive.

And lastly I would like to thank my friend Maurizio Eliseo for his infinite patience and generosity in supplying material from his archive and for sharing this passion with me.

Silvana Editoriale

Progetto e realizzazione
Arti Grafiche Amilcare Pizzi S.p.A.

Direzione editoriale / Produced by
Dario Cimorelli

Art Director
Giacomo Merli

Redazione / Copy Editor
Lorena Ansani

Impaginazione / Layout
Donatella Ascorti

Traduzioni / English translation
Oona Smyth per / for *Scriptum*, Roma

Coordinamento organizzativo / Production Coordinator
Michela Bramati

Segreteria di redazione / Editorial Assistant
Emma Altomare

Ufficio iconografico / Photo Editor
Alessandra Olivari, Silvia Sala

Ufficio stampa / Press Office
Lidia Masolini, press@silvanaeditoriale.it

Silvana Editoriale S.p.A.
via Margherita De Vizzi, 86
20092 Cinisello Balsamo, Milano
tel. 02 61 83 63 37
fax 02 61 72 464
www.silvanaeditoriale.it

Le riproduzioni, la stampa e la rilegatura
sono state eseguite presso lo stabilimento
Arti Grafiche Amilcare Pizzi S.p.A.
Cinisello Balsamo, Milano
Finito di stampare
nel mese di dicembre 2013

Reproductions, printing and binding by
Arti Grafiche Amilcare Pizzi S.p.A.
Cinisello Balsamo, Milan
Printed
december 2013